Lea Ibell

Maxim und Billa

mit Supertempo und Rollstuhlkraft

Impressum

Lea Ibell

Maxim und Billa

mit Supertempo und Rollstuhlkraft

ISBN 978-3-96521-516-0 (Buch)
ISBN 978-3-96521-514-6 (E-Book)

Zeichnungen: Lara Novic
Umschlaggestaltung: Lea Ibell nach einer Vorlage von Lara Novic

Satz: MEDIENAGENTUR - Franta, www.medienagentur-franta.de

Druck: CUSTOM PRINTING, Wał Miedzeszyński 217, 04-987 Warszawa, Polen, www.cp-buchdruck.de

Imprint des Geschichtlichen Büchertisches
Ralf G. Jordan
Bischof-Wedekin-Str. 14
31162 Bad Salzdetfurth
Tel.: 05064-9609641
E-Mail: ralfjordan@geschichtlicher-buechertisch.de
Internet: www.geschichtlicher-buechertisch.de

EDITION digital

Vorwort zur Neuauflage

Lea Ibells Buch „über ADHS und andere Besonderheiten“ zeigt unterhaltsam, wie hyperaktive Kinder ticken. Für den Grundschüler Maxim bedeutet ADHS: Anders Denken Hören Sehen. Er erlebt auf einer Buchseite oft drei verschiedene Dinge – was eindrucksvoll seine sprunghafte Wahrnehmung widerspiegelt. So zeigt Ibell sowohl inhaltlich als auch in der Form, wie es im Kopf betroffener Kinder zugeht. Sie liefert dabei eine einfühlsame Sicht auf ein Kind, das von der Umwelt oft irrtümlich als böswillig angesehen wird. Durch die Schilderungen aus Maxims Perspektive werden seine „Missetaten“ nachvollziehbar, weil man erkennt, dass sie durch einen Außenreiz oder eine plötzliche Idee ausgelöst werden.

Hervorzuheben ist auch das gute Miteinander in der inklusiven Schule und Maxims Freundschaft mit der körperbehinderten Billa, die selbstständig mit einem Elektrorollstuhl unterwegs ist und sogar bei einer Reifenpanne weiß, was zu tun ist. Und die Geschichten, die sie zusammen erleben, sind superspannend!

Als Elternteil erfährt man, wie man förderlich auf herausforderndes Verhalten reagieren kann. Maxims Eltern behalten in vielen schwierigen Situationen die Nerven, auch wenn das nicht leichtfällt. Und: Sie stehen für ihren Sohn ein. Statt Strafen gibt es klärende Gespräche und Unterstützung. So ist „Maxim und Billa“ ein Kinderbuch zum Mutmachen und zugleich auch ein Aufklärungsbuch für Erwachsene.

Anna Maria Sanders, Jan. 2024

Inhaltsverzeichnis

Vorbemerkung der Autorin

Maxim und seine Freunde sind ausgedachte Figuren. Doch fast alle Geschichten sind wirklich passiert. Echte Menschen haben sie erlebt, einige davon meine Familie. Mein Sohn hat nämlich dieselbe Besonderheit wie Maxim: ADHS.

Ich habe dieses Buch geschrieben, damit mehr Menschen von einem Leben mit ADHS erfahren. In Familien mit einem hyperaktiven Kind passieren dauernd neue aufregende Dinge, die einen manchmal anstrengen können. Andererseits ist der Alltag oft spannend und witzig und man lernt immer viel Neues.

ADHS ist unsichtbar. Kinder mit diesem Syndrom können groß, stark und clever erscheinen und trotzdem etwas nicht schaffen, was anderen in ihrem Alter ohne Mühe gelingt. Es kann vorkommen, dass sie beim Essen vom Stuhl aufspringen, im Unterricht zappeln oder beim Spielen jemandem wehtun.

Wenn Leute sich mit ADHS nicht auskennen, könnten sie denken, dass dies mit Absicht passiert.

Der Junge im Buch hat Glück, dass er eine Freundin hat, die ihm nie lange böse ist. Auch seine Freundin Billa hat Glück mit ihm, denn er ist stark, mutig und hilfsbereit.

Ich hoffe, euch gefallen die Alltagsabenteuer von Maxim und Billa. Wenn ihr etwas merkwürdig findet, Fragen habt oder einfach nur mitteilen möchtet, was euch zu der Geschichte einfällt, schreibt mir gern an: leaibell.1982@gmail.com

Ich habe auch eine Homepage: www.leaibell.de

Viel Spaß beim Lesen!

LEA IBELL

Billa, ich und unsere Klasse

Ich bin Maxim. Ich habe blonde Haare, grüne Augen, starke Muskeln und ungefähr tausend Gedanken im Kopf.

Bald habe ich Geburtstag und werde acht Jahre alt. Genauer gesagt dauert es noch drei Wochen und zwei Tage bis dahin.

Vor mir hat noch meine beste Freundin Billa Geburtstag. Eigentlich heißt sie Sybilla. Wenn uns Leute nicht kennen, denken sie, Billa ist mein kleiner Bruder – dabei ist sie älter als ich. Das kommt daher, dass sie ihre braunen Locken unter einem hohen Hut versteckt. Außerdem ist sie winzig, so als wenn sie erst drei Jahre alt wäre. Ihre Knochen sind nämlich kleiner gewachsen. Deshalb kann sie nicht so schnell laufen. Weil sie nicht immer die Letzte sein will, hat sie ein Elektromobil, wir nennen es Auto. Dafür musste sie extra eine Fahrprüfung bestehen.

Billa schafft alles, was sie möchte. Sie weiß auch fast alles. Ich finde Billa wirklich toll.

Ob sie mich auch toll findet, weiß ich nicht. Sie sagt, dass sie mich BESONDERS findet und es mit mir nie langweilig wird. Das muss ich zugeben. Denn immer, wenn mir langweilig wird, fällt mir irgendwas ein, was ich gleich erledige.

Ich erinnere mich noch genau, wie Billa meine Freundin geworden ist. Das ist lange her. Eines Tages kam sie neu in meinen Kindergarten. Sie saß bei ihrer Mutter auf dem Schoß. Aufgedreht hüpfte ich um sie herum und schnappte mir ihren Hut.

Neue Menschen machen mich aufgeregt. Und Hüte machen mich noch aufgeregter. Wenn ich nur einen Hut oder eine Mütze sehe, habe ich so ein Kribbeln in den Händen und muss das Ding unbedingt vom Kopf rupfen. Keine Ahnung, warum.

Billa kreischte wie eine Sirene, aber ich wollte den tollen Hut nicht hergeben. Da sprang sie auf mich und biss mir ins Bein. Ich wollte zurückbeißen, aber die Erzieherin hielt mich fest. Billa flüsterte mir zu: „Wenn du ein Zauberer bist, darfst du den Hut ausleihen."

Ich war völlig verwirrt: Wieso konnte dieses BABY sprechen? Dann erfuhr ich, dass sie schon fünf war – ein Jahr älter als ich damals! Mir war es echt unangenehm, dass ich sie für ein Baby gehalten hatte, nur weil sie so klein aussah.

Beim Abholen erzählte Billa meiner Mutter, dass ich ihren Hut klauen wollte. Meine Mama erklärte ihr: „Maxim dreht manchmal ein bisschen über, weil sein innerer Motor so rast und seine Bremse schlecht funktioniert. Eigentlich findet er dich bestimmt nett."

Das war vielleicht PEINLICH! Trotzdem war es im Nachhinein betrachtet gut, dass sie es verraten hat. Denn Billa fand das mit dem Motor total spannend – sie hatte damals noch kein Auto – und wollte am nächsten Tag mehr darüber wissen. Und das war der Beginn einer wunderbaren Freundschaft …

Bald habe ich gemerkt, dass der Motor in Billas Kopf auch ziemlich schnell rattert. Ihre Arme und Beine kommen kaum hinterher – bei mir ist das übrigens umgekehrt. Sie liebt es, den ganzen Tag schlaues Zeug zu erzählen. Deshalb braucht sie jemanden, der ihr zuhört.

Zuhören kann ich ziemlich gut, wenn ich nebenbei noch was anderes machen darf.

Billa und ich gehen in die Sonnen-Klasse, das erkennt man an der aufgemalten Sonne an unserer Klassenzimmertür. Außerdem ist eine Wand unseres

Klassenraums gelb gestrichen und an die übrigen Wände haben wir Löwenzahn und Sonnenblumen gemalt. Auch unsere Haken im Flur sind gelb, damit wir sie nicht mit denen unserer Nachbarklasse verwechseln – die heißt HIMMEL und ihre Haken sind blau.

An unserer Schule werden verschiedene Kinder gemeinsam unterrichtet. Behinderte und nichtbehinderte Kinder. Welche, die verschiedene Sprachen sprechen. Und welche in unterschiedlichem Alter.

In unserer Klasse ist Linus mit sechs Jahren der Jüngste und Billa mit fast neun die Älteste. Noch älter ist nur unsere Lehrerin Frau Adam. Sie findet unsere kunterbunte Mischung gar nicht anstrengend, sondern total spannend. So sagt sie jedenfalls.

Ich glaube allerdings, dass sie uns manchmal doch anstrengend findet …

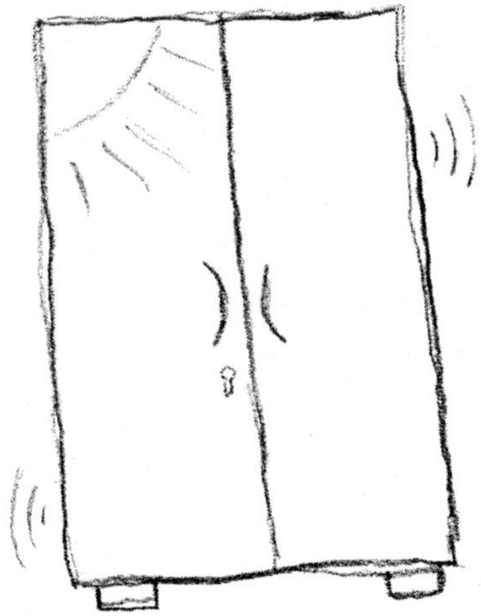

Wie ich Billa aus dem Bastelschrank befreie

Gerade ist wieder so ein Moment. Alles begann damit, dass wir in der Pause Verstecken spielen wollten. Und plötzlich ist aus Spiel Ernst geworden.

„Wo ist der Schlüssel, Maxim?“ Frau Adam zwinkert nervös. Auf der Stirn hat sie eine tiefe Falte. Das sieht WITZIG aus.

Auch meine Mitschüler starren mich an. Nur Billa nicht. Ihr Platz neben mir ist leer, ebenso wie ihr rotes Auto, das sie neben der Tafel abgestellt hat. Stattdessen sitzt meine Freundin im Bastelschrank. Dort sind eigentlich nur unsere Kunstkisten drin mit

Wasserfarben, Kleber und Schere. Meine Schere ist zweifarbig, weil es eine Linkshänderschere ist.

„Mach schon, schließ auf!", sagt Jonas. „DU hast doch den Schlüssel."

Jonas ist ein Genie. Er weiß immer alles besser. Außer jetzt.

„Ich hab ihn nicht mehr", flüstere ich. Aber offenbar hört mich niemand.

„MAXIM!" Frau Adam rüttelt an meinen Schultern, als wolle sie mich wecken.

So etwas macht mich WAHNSINNIG. Deshalb brülle ich los und pfeffere meinen Stuhl durch das Klassenzimmer. Dann muss ich plötzlich weinen. PEINLICH! Auch Enno laufen Tränen über die Wangen, während Max verstört losflitzt, um meinen Stuhl zurückzuholen.

Dazu muss man wissen, dass Enno und Max noch gar nicht verstanden haben, dass Billa im Schrank steckt. Bei Enno liegt das daran, dass er schwerhörig ist und einen nur versteht, wenn man ihn direkt anschaut und sehr langsam spricht. Max kann zwar hören, aber er versteht uns trotzdem nicht. Er kann auch nicht sprechen, sondern nur quietschen und brummen – so wie jetzt.

Frau Adam hat keine Zeit, Enno und Max zu trösten. Sie hat nicht einmal Zeit mir zu sagen, dass man nicht mit Stühlen schmeißen darf. Denn sie stochert gerade mit einer aufgebogenen Büroklammer im Schlüsselloch. „Billa, hörst du uns?“, fragt sie.

Das ist eine ziemlich überflüssige Frage, weil man Billa deutlich verstanden hat, als sie vorhin rief: „Holt mich bitte raus hier!“, und sie UNS wahrscheinlich ebenso gut hört.

Alle plappern durcheinander. Sogar Luisa, die sonst nur mit Paul spricht, redet auf den Schrank ein. Mein nerviger Kumpel Linus zerrt unterdessen an meinen Hosentaschen, wohl in der Hoffnung, dort den Schlüssel zu finden. Bei diesem Gewusel kann ich nicht gut nachdenken. Dabei wäre das wichtig, um Billa rauszuholen.

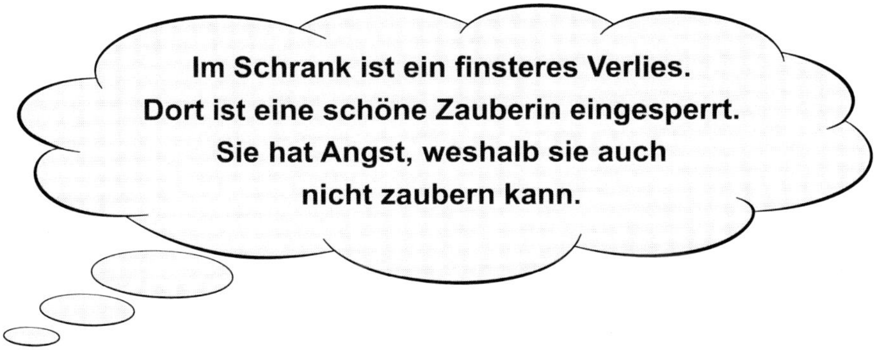

„Wir brauchen eine Axt!“, schreie ich verzweifelt.

Frau Adam kniet sich vor mich. „Wir brauchen den SCHLÜSSEL!“

„Ich hatte ihn, aber jetzt ist er weg“, schluchze ich und dann lasse ich meine Stirn gegen die Schranktür krachen.

Da höre ich von innen Billas Stimme: „Keine Panik, Flummi! Vielleicht kann der Hausmeister die Tür aufbrechen?“

GUTE IDEE. „Hausmeister!“, brülle ich.

„Hausmeister!“, kreischt Linus und flitzt aus der Klasse. Max kippt in der Zwischenzeit seine Stifte auf den Boden. Er malt liebend gern unseren Holzboden an.

Kurz darauf ruft Jonas: „Der Hausmeister kommt schon, mit seinem Werkzeugkoffer!“

Frau Adam winkt den Hausmeister zum Schrank, aber der stellt erstmal sein Werkzeug ab und brummt: „Was’n hier los?“

Sofort grapscht Linus sich den Hammer und bringt ihn mir. WIE NETT!

Mit seinen Hörnern rammt der Stier ein LOCH in die Mauer, schüttelt sich und nimmt wieder Anlauf: BAMM!

Jemand reißt mich nach hinten und nimmt mir den Hammer ab. Es ist Frau Adam. „Hör auf!“, schreit sie und schiebt mich zur Seite. Eigentlich ist es gar nicht ihre Art zu schreien.

Miriam und Matilda plappern auf mich ein. Sie sind eineiige Zwillinge und ich kann sie meistens nicht unterscheiden. Eine von ihnen erklärt mir, dass der Hausmeister das Schloss AUFSÄGEN will. „Dann geht nämlich nur das Schloss kaputt." Die andere ergänzt: „Das ist besser, als wenn du den ganzen Schrank zerhackst."

Ich wäre nie auf die Idee gekommen, jetzt an den SCHRANK zu denken … Aber egal, Hauptsache Billa kommt bald raus.

Aus den Augenwinkeln sehe ich Max auf den Boden malen. Versonnen malt er hellblaue Flecken, die aussehen wie Wolken. Um ihn herum liegen seine Buntstifte. Und da liegt noch etwas, etwas Glänzendes, es sieht aus wie … ein SCHLÜSSEL.

„Aus dem Weg!" Ich werfe mich auf den Boden. Frau Adams Füße stehen im Weg, ich stoße sie zur Seite. RUMS! Ist jemand hingefallen? Egal. DA! Neben Max … „Ich hab IHN!"

Frau Adam ruft laut meinen Namen und streckt ihre Hand nach dem Schlüssel aus. Warum sitzt sie auf dem Boden? Ich steige einfach über sie hinweg, stecke den Schlüssel ins Schloss und drehe.

**Die Zauberin tritt ins Freie.
Ihr Hut ist zerknittert, aber ansonsten
ist sie unversehrt und strahlt
ihren Befreier an.**

In echt hatte Billa offenbar gar keine Angst. Und sie strahlt auch nicht, als ich die Schranktür öffne. „Dummi-Flummi“, murmelt sie bloß und stolziert zu ihrem Platz.

Obwohl sie Dummi-Flummi zu mir gesagt hat, bin ich nicht böse, sondern tanze ausgelassen durch die Klasse. Linus tanzt mit und Max klatscht dazu.

Frau Adam bittet den Hausmeister, ihr hoch zu helfen. „Du musst wirklich vorsichtiger sein, Maxim“, zischt sie mir zu. Als sei ICH schuld, dass sie auf dem Boden hockt …?

Nach der Mathestunde sitzen wir vor dem Lehrerpult. Ich auf meinem Stuhl und Billa in ihrem roten Auto. Die anderen Kinder toben auf dem Schulhof. Man kann hören, wie sie rennen und mit unserem Praktikanten Fangen spielen.

„Wie konnte das passieren?“, fragt Frau Adam streng. „Maxim?“

Ich starre auf ihre Schuhe. Die sind schwarz und glänzen. Wie an Nikolaus.

Verstohlen füllt der Nikolaus die Schuhe mit Nüssen, Mandarinen und Schokoladenfiguren.

Nikolaus ist lange her. Mein Blick wandert zum Wandkalender. Bald kommt schon das Kalenderblatt mit den Ostereiern. Und davor haben Billa und ich noch GEBURTSTAG!

Billa stupst mich an, damit ich aufpasse. Sie hat recht: Nikolaus und Osterhasen gibt es nicht wirklich, im Gegensatz zu meiner Lehrerin.

„Ich wollte mich im Schrank verstecken“, erklärt Billa. „Maxim sollte die Tür hinter mir zumachen …“ Sie wirft mir einen Blick zu, den ich genau verstehe. Er soll heißen: Ich wollte nur, dass du die Tür ZU machst, aber du solltest sie NICHT abschließen!

„So, so.“ Frau Adam sieht mich auffordernd an.

Ich beiße mir auf die Unterlippe, bevor ich leise sage: „Der Schlüssel steckte im Schlüsselloch … Ich wollte nur einen Spaß machen. Dann musste ich mich schnell verstecken, weil Jonas schon bei Neun war, deshalb bin ich unter Max’ Tisch durch …“

Frau Adam unterbricht mich: „Das war KEINE GUTE IDEE, dass du den Schlüssel im Schloss gedreht und rausgezogen hast.“

Ja, das weiß ich jetzt auch.

Nach der Schule habe ich Ergotherapie. Zuerst werfe ich von einem wackligen Sitzbrett aus bunte Sandsäckchen in einen Korb. Das Schwierige ist: Je nach Schwung des Schaukelbretts muss ich mit MEHR oder WENIGER Kraft werfen.

Danach soll ich leider noch Schreiben üben. Ich sitze auf einem Kissen, das VIBRIERT und meinen ganzen Körper angenehm wackeln lässt – nur meine Hand mit dem Stift wird ganz ruhig.

„Schildkrötenkopf!“, erinnert mich die Ergotherapeutin. Damit meint sie, dass ich beim Schreiben Zeigefinger und Daumen der linken Hand vorschieben und zurückziehen soll – wie eine Schildkröte ihren Kopf aus dem Panzer streckt und einfährt.

**Schildkröten bewegen sich sehr gemächlich.
100 Jahre alt können sie werden und ihr Herz schlägt
immer noch. Weil sie langsam, aber stark sind.**

Der Gedanke jagt mir einen Schrecken ein. „Wenn man alles schnell macht, geht das Leben dann etwa auch schneller vorbei?“, frage ich meine Ergotherapeutin.

„Oh nein, bestimmt nicht“, versichert sie.

Erleichtert atme ich auf. „Meine Freundin Billa hat eine griechische Landschildkröte, die heißt Schiggy“, erzähle ich. „Die kann richtige Löcher in Löwenzahn beißen.“

„Kannst du Schiggy denn malen?“, fragt meine Ergotherapeutin. „Schau dabei auf die Spitze deines Stifts, damit du ihn gut lenken kannst.“

Das Bild gelingt mir SUPER. Ich falte es zusammen und stecke es in meinen Schulranzen, für Billas Geburtstag. Ob sie für mich auch so ein schönes Geschenk hat?

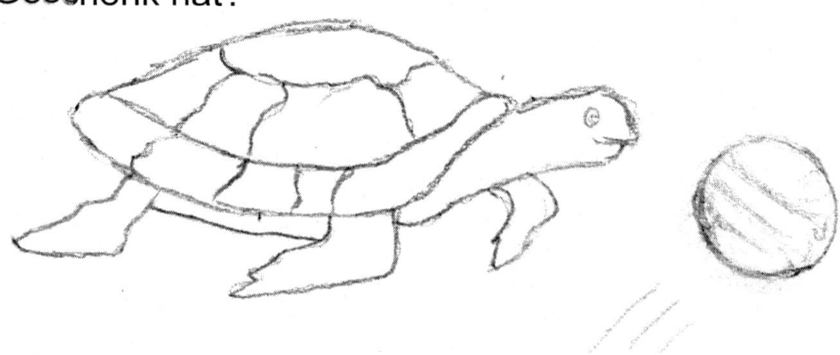

Falls ihr euch fragt, was Ergotherapie ist: Da lernt man, seine Konzentration und Kraft besser zu steuern. Für mich ist das nützlich, weil ich ADHS habe: Aufmerksamkeitsdefizit-Hyperaktivitätssyndrom. Das klingt kompliziert. Deshalb haben sich Menschen mit ADHS eine andere Bedeutung ausgedacht: **A**nders **D**enken, **H**ören, **S**ehen.

Meine Eltern und ich sagen, dass ich SUPER AKTIV bin. Meistens macht mir das nichts aus. Ich war schon immer so und möchte nicht anders sein. Bloß manchmal macht es mir doch etwas aus, wenn ich merke, dass die anderen Leute irgendwie anders funktionieren als ich. Nicht besser oder schlechter, einfach ANDERS. Den Leuten kommt es natürlich umgekehrt vor. Das ist Ansichtssache.

Billa kennt dazu einen Witz: Ein Mann hört im Radio „Achtung, Achtung, auf der Autobahn kommt Ihnen ein Geisterfahrer entgegen". Denkt der Mann: „Einer? Hunderte!" HAHA, ich lach mich schlapp!

Wie Linus beim Lesehund alles durcheinanderbringt

Einmal in der Woche darf ich zum LESEHUND. Er hat ein eigenes Zimmer im Keller unserer Schule und heißt Goldi, weil er ein Golden Retriever ist. Meistens liegt er bloß in seinem Körbchen und ich soll ihm vorlesen, bis er einschläft. Danach darf ich Kekse essen und der Leselehrer gießt mir süßen Tee aus der Karaffe ein, damit ich nicht heiser werde vom Vorlesen.

Aber das Allerbeste am Lesehund ist, dass ich ein anderes Kind aussuchen darf, das mich begleitet. Natürlich suche ich immer Billa aus. Aber heute sagt

Frau Adam: „Billa und du, ihr hockt ständig aufeinander. Nimm bitte jemand anderen mit.“ Ich schlucke.

„Ich kann eh schon lesen“, erklärt Billa großmütig.

„Wer möchte denn auch mal mit zum Lesehund?“, fragt unser Praktikant Julius.

Alle Hände schießen in die Luft. Linus, der hinter mir sitzt, fuchtelt mit seinem Arm gegen meinen Hinterkopf. „Okay, Linus“, sage ich.

„Juchuh!“, kreischt er.

Wir sausen durch die Gänge bis zur großen Treppe, hinunter in den Keller, immer geradeaus und am Ende nach links abbiegen. An der zweiten Tür klebt ein Bild von Goldi, dem die Zunge aus dem Maul hängt.

Ein riesiger Hund springt auf mich zu.
Oder ist es ein LÖWE? Ich umschlinge seinen
Leib und spüre seine starken Muskeln.
Er ist mein Freund.

„Hallo Maxim, schön dass du da bist“, begrüßt mich der Leselehrer. „Wen hast du heute mitgebracht?“

„Wuff, wuff“, macht Linus auf allen Vieren. Goldi zieht sich winselnd in sein Körbchen zurück.

Ich packe Linus am Kragen und ziehe ihn hoch. „Du darfst ihn nicht anbellen!“

Mit meiner Hand berühre ich Goldis Schnauze.

Der Löwe erkennt durch die halb geöffneten Lider seinen Menschenfreund und lässt sich kraulen.

„Wir finden bestimmt spannende Geschichten für euch“, verspricht der Leselehrer und führt uns zum Tisch, auf dem neben einem Stapel Bücher eine Glasschale mit Buchstabenkeksen steht.

Mir reicht er ein Heft mit einem Fisch auf dem Deckblatt und ich beginne gleich zu lesen: Ein Junge fängt einen Goldfisch aus dem Teich und kippt ihn ins Klo. Da schwimmt der Fisch weg. Nun ist der Junge traurig und weint sich vor Kummer in den Schlaf. In der Nacht steigt ein Fischmonster aus der Toilette. Aber das ist zum Glück nur ein Traum.

„Toll gelesen, Maxim!" Der Lehrer gießt mir Tee ein.

Linus springt neben Goldi ins Körbchen, wobei sein Fuß im Hundenapf landet. Wasser schwappt auf den Boden.

Wir flitzen ins Bad (zweite Tür links). Ich ribble ganz viel Toilettenpapier ab. Linus mustert den Abfluss im Klo. „Meinst du, dass man wirklich einen Fisch runterspülen kann oder geht der dann tot?" Er wirft Klopapier hinein und spült, dabei entsteht blauer Schaum.

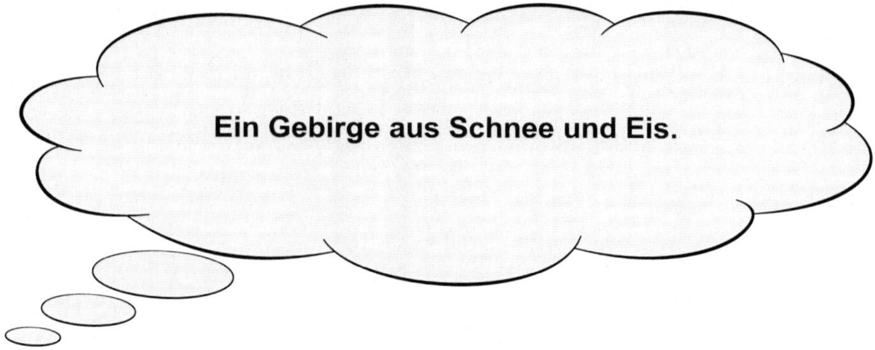

Leider verstopft das Klo und ich muss den Arm richtig tief in das Abflussrohr stecken, um das vermatschte Klopapier rauszufischen. Endlich läuft das blaue Wasser ab.

Als wir mit einem Klopapierberg zurückkommen, hat der Lehrer Goldis Näpfe hochgeräumt und den Boden schon selbst gewischt. Jetzt haben wir umsonst alles abgeribbelt.

Nun reicht der Lehrer Linus ein Bilderbuch. Es handelt von einem Wurm, der sich in einem Apfel verläuft. Linus liest LANGSAM. Ich strecke meinen Kopf zwischen ihm und dem Buch in die Höhe, rufe: „Kuckuck!" und ducke mich schnell wieder.

Der Leselehrer schiebt mir eine Packung Buntstifte zu. „Maxim, möchtest du etwas malen?“

Ich nehme einen Stift heraus und probiere ihn neben mir an der Wand aus. Schön GELB. Leider gelingt es mir nicht, einen Löwen zu malen.

„Wer bei mir an die Wand malt, darf nicht mehr herkommen“, schimpft der Leselehrer.

„Upsi, warum haben Sie das nicht vorher gesagt?“, frage ich zerknirscht.

„Es ist ja wohl KLAR, dass man auf PAPIER malt?“

Ich schnappe mir einen Radiergummi und rubble angestrengt die Farbe von der Wand. Was für ein Glück, dass meine Hand ausgerechnet GELB rausgezogen hat. Schwarz könnte man nicht so leicht wegschrubben. Zur Belohnung genehmige ich mir einen Keks. IGITT! Warum schmeckt der so EKLIG?

„Das sind doch die Hundeleckerlies“, ruft Linus und lacht. ER LACHT MICH AUS.

Ich spucke den Hundefuttermatsch auf den Tisch und werfe die Keksschale nach Linus. Oder ist es die mit den Leckerlies? Leider knapp vorbei – und kaputt. Der Leselehrer schreit. Goldi wacht auf und BELLT.

„Ich habe Goldi noch nie bellen hören!“, rufe ich begeistert.

Der Lehrer schickt Linus eine Kehrschaufel besorgen. Dann sammelt er die größten Scherben auf. Schweiß steht ihm auf der Stirn. Ich möchte gerne helfen. Ich liebe SCHERBEN. Ich weiß genau, wie man sie anfassen muss, damit man sich nicht schneidet. Aber leider verlangt der Leselehrer: „Bleib bloß sitzen!“

Mit Klopapier wische ich meine Spucke vom Tisch. Doch gut, dass wir es abgeribbelt haben.

Da klopft es an der Tür, es ist Frau Adam mit der Kehrschaufel. Verwundert fragt sie: „Warum ist Goldi denn so aufgeregt?“

Eine ganze Weile plaudert sie noch mit dem Leselehrer, während ich den Raum nach den Buchstabenkeksen absuche.

Auf dem Weg ins Klassenzimmer sagt Frau Adam, dass ich beim nächsten Mal wieder Billa mitnehmen darf.

Wie wir etwas über Flaschen und Köpfe lernen

Billa erwartet mich schon. Sie sitzt auf meinem Tisch und fragt: „Hast du mir Kekse mitgebracht?"

Ich zeige auf Linus. „Der hat nur Hundeleckerlies übriggelassen."

Alle lachen, sogar mein Kumpel Linus.

„Runter von Tischen und Stühlen", sagt Frau Adam, „jetzt wird getanzt."

Wir spielen Stopptanz mit der Musik von Pippi Langstrumpf: „Ich hab ein HAUS, ein kunterbuntes Hauuuusss ..." – und STOPP! Weiter: „Ein Äffchen und ein Pfeeerd, die schauen dort zum Feeenster raus …"

Beim Stopptanz funktioniert meine Bremse perfekt, ich kann sogar nebenbei noch das Lied mitsingen: „Ich hab ein Hauuuusss …"

Bei Frau Adam muss zum Glück nie jemand ausscheiden. Wer sich bei „Stopp" bewegt, so wie Max, darf trotzdem weiter mittanzen.

Danach in Lebenskunde spielen wir Flaschendrehen. Auf wen die Flasche zeigt, der muss eine Aufgabe erledigen. Jonas denkt sich als erstes eine aus: Handstand an der Wand. Billa versteckt sich hinter mir, weil sie keinen Handstand kann.

Wir denken uns meistens so witzige Sachen aus. Nur Frau Adam und Julius stellen langweilige Fragen, zum Beispiel, wie die Hauptstadt von Deutschland heißt. Dann streckt Billa ihren Zauberhut hinter mir hervor und möchte plötzlich UNBEDINGT dran kommen.

Nach dem Spiel geht es weiterhin um Flaschen. Aber jetzt um ein schlaues Sprichwort: „BEACHTE DEN INHALT, NICHT DIE FLASCHE.“ Frau Adam schreibt den Spruch an die Tafel und macht die Handgebärden für „gucken“, „innen drin“, und „Flasche“, bis alle die Worte verstanden haben.

„Der Satz BEDEUTET etwas“, sagt sie. „Hat jemand eine Idee?“

Jonas meldet sich und rattert eine Geschichte runter, die so klingt: „Jeder-Mensch-ist-anders-aber-alle-sind-gut“ und „Man-soll-sich-nicht-vom-Aussehen-täuschen-lassen“.

HÄH? Ich verstehe gar nichts. Natürlich weiß ich das schon alles, aber was hat das mit Flaschen zu tun? Ich krame meine Trinkflasche hervor und schlürfe laut.

Miriam und Matilda kichern. Max möchte seine Flasche auf den Boden auskippen und mit dem Wasser seine Wolken verschmieren – das möchte Frau Adam aber nicht.

Ich beobachte die Staubkörner in der Luft. Wenn ich genau vor mich hin starre, kann ich sie sehen.

Als Billa mir einen verschmitzten Blick zuwirft, passe ich wieder auf. „Wenn wir Flaschen wären", beginnt sie, „hätte meine Flasche so eine Form ..." Mit den Händen malt sie einen kleinen Ball in die Luft. „Maxims Flasche wäre vielleicht gezackt. Aber in beiden kann das Gleiche zu trinken sein. So wie wir die gleichen Ideen haben, obwohl wir anders aussehen."

„Wie kann denn eine Flasche gezackt sein?", beschwere ich mich.

Doch meine Lehrerin sieht Billa zufrieden an.

Danach sollen wir noch alle Getränke aufschreiben, die wir kennen. Ich schreibe fast zwei Seiten voll, denn ich kenne ziemlich viele Fruchtsäfte und Limonadensorten. Auch wenn ich leider nur Wasser in meine Trinkflasche füllen darf. Viel lieber mag ich Himbeerlimonade. Vielleicht gibt's die an meinem Geburtstag?

Der ist übrigens nur noch zwei Wochen und fünf Tage entfernt!

Wie wir Äpfel verschenken

An unserer Schule bekommen wir nur Nachtisch, wenn wir vorher die Hauptspeise essen. So versuchen die Küchenfrauen uns zu dem Mittagessen zu zwingen.

Sogar meine Eltern finden die Regel unsinnig, obwohl sie sonst die meisten Regeln gut finden. Die Köche müssten ja nur mal besser kochen: Milchreis oder Pommes oder Waffeln oder „Hamburger zum Selbstbelegen“ (bio, weil das sonst gemein ist für die Tiere). Stattdessen gibt es heute Gemüsecurry, das aussieht wie Matschepampe.

Billa hat einen Blick darauf geworfen und höflich zu den Küchenfrauen gesagt: „Nein danke, das können Sie gern behalten."

Stattdessen wollten wir uns Äpfel nehmen, aber die Küchenfrauen wollten uns keine geben. Dabei ist Obst doch kein Nachtisch!

Deswegen sitzen wir jetzt schlecht gelaunt auf den Treppenstufen vor dem Essenssaal.

„Ich HASSE Küchenfrauen!", brülle ich.

„Kopf hoch, Flummi", sagt Billa und öffnet ihre Brotbox. „Tauschst du was gegen meine Tomate? Hast du Schokolade dabei?"

„Haha." Ich schiebe ihr meine Box mit dem Vollkornbrot hin.

Durch die offene Tür zum Essenssaal kann ich die große Obstschale sehen. Die vielen Äpfel könnten für alle Kinder reichen.

Empört springe ich auf. „Ich lass' mich nicht veräppeln!", rufe ich. Schnurstracks laufe ich zurück zur Essensausgabe.

Der Retter der Hungrigen pirscht sich lautlos an die süßen Früchte heran …

In der Essensschlange, direkt vor den Äpfeln, steht Frau Adam. Ich tippe ihr auf den Arm – ZART, damit sie nicht denkt, dass ich sie haue – und frage: „Darf ich kurz durch zum Besteck?“

„Klar, Maxim. Nett, dass du fragst.“ Gleich dreht sie mir wieder den Rücken zu.

Der Besteckkasten steht direkt neben der Schale. Rasch strecke ich meine Hand zur Seite, schnappe mir zwei Äpfel und lasse sie unauffällig in meiner rechten Jackentasche verschwinden. In meine linke passen auch noch zwei.

Draußen lasse ich die Äpfel in Billas Schultasche am Autositz kullern. Billa, die mich von der Treppe aus beobachtet hat, streckt mir einen erhobenen Daumen entgegen.

Immer wieder laufe ich zur Essensausgabe, bis die Obstschale fast leer ist. Zweimal erwischt mich eine Küchenfrau und ich muss die Äpfel zurücklegen. Doch beim nächsten Mal hole ich sie mir einfach zurück.

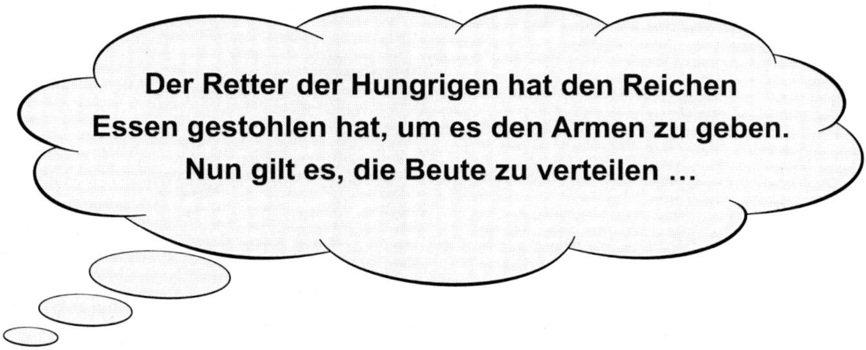

Billa geht zu ihrem Elektromobil und stellt sich auf die Sitzfläche, um größer zu sein. Sie hält einen Apfel in die Höhe. „Äpfel zu verschenken!“, schreit sie. „Viel besser als Currymatsch!“

Ich sehe Enno und werfe ihm einen Apfel zu – er fängt ihn sogar.

„Äpfel, Äpfel für alle!“, brüllt Billa.

Als erstes kommt Linus angesaust, bedankt sich und gibt seinem Apfel einen Schmatzekuss. Dann geht es richtig los: Von allen Seiten laufen Kinder herbei. Manche kennen wir nur vom Sehen, aber die meisten sind aus unserer Klasse. Luisa nimmt einen Apfel für sich und noch einen für Paul. Matilda nimmt sich zwei für die Zwillinge und später holt Miriam nochmal zwei.

Uns macht das nichts aus, denn wir haben mehr als genug: Billa mümmelt schon an ihrem dritten und ich habe noch alle Taschen voll.

Sogar Frau Adam lässt sich einen Apfel schenken. „Das ist ja eine nette Idee der Küche“, sagt sie überrascht. Wir nicken lächelnd. Dummerweise steuert genau in diesem Moment eine Küchenfrau auf Frau Adam zu und zeigt fluchend auf uns.

Billa startet ihr Auto und ich springe hinten auf. Nichts wie weg!

Zwar müssen wir dann wieder vor dem Lehrertisch sitzen und Frau Adam die Sache erklären. Aber an ihrem Gesicht sehen wir genau, dass sie die Nachtischregel eigentlich auch doof findet.

Beim Abendessen erzähle ich meinen Eltern von unserer Robin-Hood-Apfelaktion.

„So mach ich das jetzt immer." Ich lächle.

„Sicher nicht!", entgegnet Mama und erklärt irgendwas.

Zwei kleine Äpfel stecken noch in meiner Hosentasche. Papa begutachtet sie und findet, dass sie gammelig aussehen. Er wirft sie an mir vorbei in den Müll.

„Heh!", rufe ich und stürze zum Mülleimer. „Wie würdest du dich fühlen, wenn man dich einfach wegschmeißt, nur weil du ein bisschen alt bist?"

Da muss Papa schmunzeln und lässt mich die Äpfel wieder rausholen. Ich wasche und schäle sie. LECKERSCHMECKER!

Meine Eltern möchten nicht probieren, aber meinem Baby-Bruder schmecken die Äpfel so gut, dass er sogar die Kerne mit verspeist.

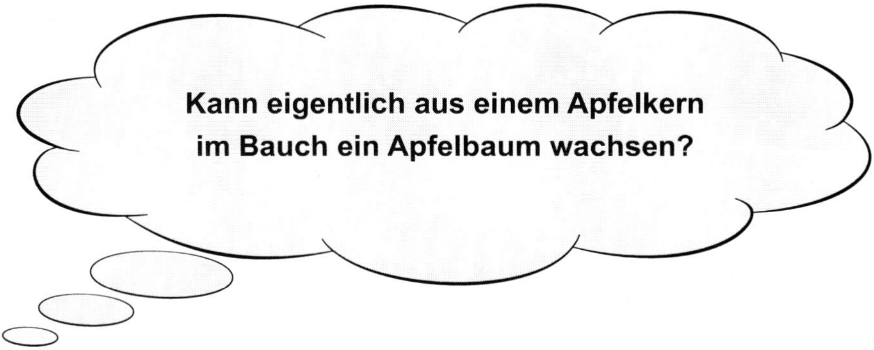

Wie ich im Schnee bade und einen Stock klebe

Vielleicht habt ihr schon bemerkt, dass mir manchmal Dinge in den Kopf schießen, auf die andere Kinder nicht unbedingt kommen.

Kennt ihr Kapla-Bauklötze? Davon habe ich zu meinem siebten Geburtstag ein Hunderterpack bekommen. Leider stürzen meine Bauwerke meistens ein. Deshalb kam mir die Idee, die Steine mit Holzleim zu einer riesigen Rakete zusammenzukleben.

Und einmal hatte ich die Idee, mich hinten auf den Gepäckträger meines Fahrrads zu setzen und meinen Bruder vorn auf den Sattel und dann loszufahren. Das wäre auch gut gegangen, wenn Mirko nicht so mit den Beinchen gestrampelt hätte, dass wir ins Schwanken gerieten.

Manchmal wünscht meine Mama sich mehr Ruhe und Langeweile. Vor allem morgens, wenn ich schnell was erleben will, weil ich die ganze Nacht still liegen musste.

Heute Morgen entdecke ich ein ungewöhnliches Schimmern draußen vor dem Fenster. Alles ist weiß. Ist das etwa …? SCHNEE!!!

Ich renne aus meinem Zimmer, durch den Flur in die Küche und reiße die Balkontür auf. Jubelnd werfe ich Schnee in die Luft.

Es hat den ganzen Winter nicht geschneit, sogar Weihnachten nicht, weil es zu warm war. Wasser gefriert nämlich erst bei null Grad Celsius. Jede Schneeflocke besteht aus vielen Eiskristallen, die das Licht zurückwerfen und die Luft zum Glitzern bringen.

Ich nehme so viel Schnee auf den Arm, wie ich kann, und zische ins Schlafzimmer meiner Eltern. „Schaut mal!“, rufe ich begeistert und werfe den Schnee auf Mirkos Bettdecke.

Mein Bruder freut sich: „Da-da-bui!“

Meine Mutter schiebt mich zurück in den Flur. Da merke ich, dass SIE sich gar nicht freut. „Das wird doch Wasser!“, ruft sie.

Jetzt merke ich es auch: Alles ist nass. Prompt rutsche ich aus.

„Das ist DEINE Schuld!“, brülle ich und strample mit den Beinen.

„Stopp, nicht treten!“, ruft Mama.

Da kommt Mirko angetrippelt und macht mich wieder lustig. Mama wirft mir eine Jacke über und drückt mir einen Eimer in die Hand: „Hiermit kannst du Schnee holen.“

Ungefähr zehn Ladungen Schnee schleppe ich vom Balkon in die Badewanne. Mein Bruder taucht seine Hand hinein. Plötzlich kommt mir eine Idee: Ich schlüpfe aus Jacke und Schlafanzug und springe in die Badewanne. KALT!!! SUPERKALT!!!

Ich bin ein Eisbader in Sibirien.
Das Thermometer zeigt minus 37 Grad.
Ich pumpe meine Lungen mit kalter Luft voll
und springe in das Eisloch.

Danach fühle ich mich richtig erfrischt. Mama wickelt mich in ein Handtuch. „Jetzt schnell an der Heizung aufwärmen, mein Eisbär“, sagt sie.

Dabei kommt mir noch eine Idee: Ich fülle den Zahnputzbecher mit Schnee und stelle ihn neben mich auf die Heizung. Nun kann ich zusehen, wie er schmilzt: Bald ist der Becher nur noch HALB voll – mit Wasser.

Ohne den Becher würde der Schnee als Wasser durch die Heizung tropfen. Das ist mal mit meinem Schoko-Weihnachtsmann passiert. Ich hatte ihn aus der Knisterfolie gewickelt und wollte ihn kurz auf der Heizung abstellen. Als ich das nächste Mal hinsah, war er weg! Nur noch Schokosoße überall ... Das war echt KRASS (und ein bisschen traurig).

Leider ist Wochenende und da darf ich Billa erst um acht Uhr anrufen. Ich rufe auf ihrem Handy an, weil sie das immer in der Nähe hat. Sie hat den Schnee schon entdeckt! Leider mag sie nicht mit raus, weil es für ihre Räder zu glatt ist. „Viel Spaß beim Erfrieren", wünscht sie mir.

Die Wiese und der Weg vor unserem Haus sind weiß. Am Schuppen hängen Eiszapfen. Ob ich von oben aus vielleicht einen abbrechen könnte?

„Denk gar nicht an das Schuppendach, Maxim!", warnt mich Mama, als könne sie meine Gedanken lesen. Dann lacht sie los. „Schau mal, was Mirko macht!"

Er sitzt mitten auf der verschneiten Wiese und stopft sich Schnee in den MUND. Aufgedreht flitze ich zum Kletterbaum und rüttle an den Ästen. Schnee rieselt auf meinen Bruder. Er quietscht.

Begeistert steht der kleine Inuit
vor seinem Iglu und lacht,
seinen Kopf in einer Fellkapuze.

Ich rüttle stärker, damit Mirko noch mehr lacht. Doch er verzieht das Gesicht und wimmert. Mama streckt eine Stopp-Hand aus. „Halt an! Hilf mir lieber beim Schneemann!“

Etwas aus fluffigem Schnee zu formen ist nicht leicht. Lieber wirbele ich Schneewolken auf. Plötzlich kreischt Mirko los.

„Warum fegst du ihm Schnee ins Gesicht?“, ruft Mama verärgert.

„Ich Dummi!“ Ich stürze zu meinem Bruder, nehme ihn auf den Arm und drehe mich ganz schnell um mich selbst. „Alles wieder gut?“

Der große Bruder wirbelt das Inuit-Kind rundherum: TSCHUI, TSCHUI, TSCHUI.

„Lass ihn los!“, sagt Mama, die zu uns gestapft ist. Das tue ich sofort. Mirko fällt in den Schnee.

„Doch nicht SO!“ Mama hat jetzt ihr Motzgesicht und versucht mich festzuhalten, aber ich entwische. Ich will eine Schneeballschlacht machen!

Gut gelaunt singe ich: „Es schneit, es schneit, kommt alle aus dem Haus!“

Eine Dame aus dem Nachbarhaus öffnet das Fenster und winkt. Ich winke zurück.

Mama fängt mich ein. „Schrei nicht so und stell bitte deinen Motor langsamer! Wir wollten doch einen Schneemann bauen.“ Sie spricht ganz deutlich, als sei ich schwerhörig: SCHNEE-MANN.

Mama und Mirko rollen dicke Kugeln und ich stemme die Große auf die Kleine: Mein Schneemann steht KOPF. Erst wundert Mama sich, doch dann findet sie es eine „maximal gute Idee“. Das Sprichwort hat sie erfunden, weil es gut zu meinem Namen passt.

Für Augen, Nase und Mund benutzen wir Haselnüsse und Tannenzapfen. Dann suchen wir Stöcke für die Arme.

Ich finde einen guten Stock, aber möchte ihn mit nach Hause nehmen. Eigentlich ist es egal, ob ein Schneemann Arme hat. Das Wichtigste an einem Menschen ist sowieso der Kopf. Und der Bauch ist wichtig, damit das Essen rein und raus kommt.

Wir machen einen Spaziergang durch den Park. Der Kinderwagen rutscht im Schnee. Mirko will laufen, aber seine Schuhe rutschen auch weg. Mama und ich nehmen ihn zwischen uns und lassen ihn schlittern.

Weil es noch früh ist, sind kaum Menschen unterwegs. Dafür sehen wir viele Schneemänner. Die meisten zerfallen schon, weil sie gestern Abend gebaut worden sind, als ich den ersten Schnee verschlafen habe.

Mit meinem Stock schlage ich einem Schneemann den Kopf ab. Mama findet das doof. Ich merke aber, dass mir das noch mehr Spaß macht als Schneemänner zu bauen: Sie KAPUTT zu machen. Wenn ich auf einen raufspringe, fallen wir zusammen um. LUSTIG.

Auf einmal kommt ein minikleines Kind mit Bommelmütze angerannt und heult: „Nicht kaputtmachen!“

„Upsi“, sage ich erschreckt. Mama zieht mich schnell von dem Schneehaufen weg. Ich versuche, das Kind zu beruhigen: „Kannst du einfach wieder aufbauen. Das ist das Gute an Schnee. Man kann ihn zerfusseln, aber er geht nicht richtig kaputt. Wie ein Puzzle, verstehst du?“

Leider hört das Kind nicht zu, sondern rennt zu seinem Papa und petzt. Ich verstecke mich hinter Mama. Meine Zähne schlagen aufeinander. Der Mann kommt und quatscht mit meiner Mutter.

Plötzlich schnappt sich das Kind meinen STOCK vom Schneehaufen und bricht ihn durch. NEIN!!!

Ich brülle und werfe das Kind um. Ich trete und boxe.

Der fremde Papa biegt mir die Arme nach hinten. „HILFE, HILFE, der Mann tut mir weh!!!“, brülle ich, so laut ich kann. Er versucht mir den Mund zuzuhalten, aber ich beiße ihn in die Hand. Mama dreht mir den Kopf zur Seite. Sie bewegt ihre Lippen.

Ich schreie, bis ich fast nicht mehr atmen kann. Endlich lässt mich der Mann los und zieht sein Kind unter mir hervor. „Komm weg, der Junge ist gemeingefährlich!“ Sein Kind starrt mich mit aufgerissenen Augen an.

Mama hilft mir beim Aufstehen, während sie mit der anderen Hand Mirko tröstet, der ebenfalls weint. „Alle beruhigen sich erstmal“, sagt sie.

Doch das geht nicht. Mein Herz klopft laut. Mir ist kalt und nass.

Wütend trample ich den Schneehaufen platt. „Es war mein LIEBLINGSSTOCK!“, schluchze ich. „So einen finde ich nie wieder.“ Alles in der Natur ist einzigartig.

Nicht einmal eineiige Zwillinge sind ganz gleich …

Mama setzt mich in Mirkos Kinderwagen. Mirko patscht mich an. Ich wehre mich.

„Nicht schubsen, er will dich nur trösten“, sagt Mama. Dann fährt sie fort: „Hast du nicht gesehen, dass das Kind eben viel kleiner war als du? Du hast ihm richtig doll wehgetan.“

„Der Papa hat mir auch wehgetan! Ich hoffe, das doofe Kind wäre tot!“, brülle ich.

Mama findet, dass man sowas nicht sagt, NIE. Schon gar nicht, wenn man schon fast acht Jahre alt ist. Jetzt schreit sie auch noch mit mir herum.

Zu Hause schwingt Mama mich in der Hängematte, bis ich mich beruhige. Danach versuchen wir, den Stock mit Holzleim zu kleben. Zum Trocknen lege ich ihn auf den Balkon. Von hier oben kann ich in den Hof sehen.

Neben mir fragt Mama: „Wie würdest du dich fühlen, wenn jemand DEINEN Schneemann kaputtmacht?“

„Ich würde den Angreifer einfach weghauen", sage ich.

Das scheint nicht die richtige Antwort für Mama zu sein, sie sieht ganz traurig aus.

Ich umarme sie, um sie aufzumuntern.

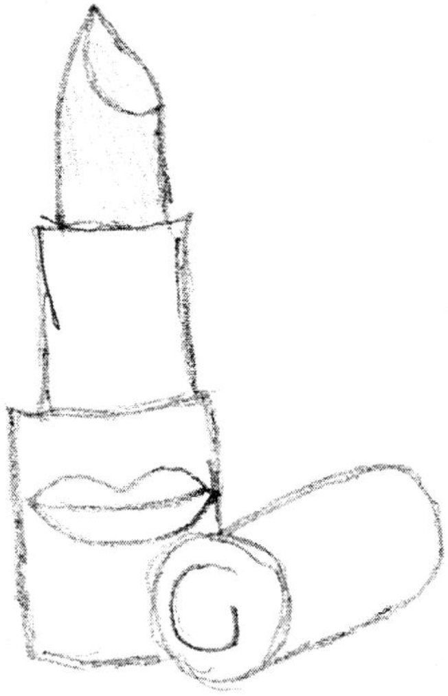

Wie ich mit Lippenstift die Wand abklatsche

„Komm Mirko, Flugzeug spielen!“, rufe ich.

Das Tolle an meinem kleinen Bruder ist, dass er IMMER mit mir spielen will.

Er breitet seine Ärmchen aus, quietscht: „Bui-bui-bui“ und segelt mir nach ins Kinderzimmer. Über die Matratze und den Sitzsack – und wieder zurück.

Dann zeige ich ihm, wie man auf dem Trampolin hüpft. Ich schaffe 230 Sprünge ohne Umfallen. Mirko schafft drei Hüpfer mit zweimal Umfallen, aber das macht ihm nichts aus.

SUPERWINGS, wir kommen!
BUIBUIBUI!

Wir fliegen am Süßigkeitenversteck im Küchenregal vorbei – jeder bekommt zwei Gummibärchen zur Stärkung – dann weiter zur Abstellkammer. Irgendwo hier müssen meine Geburtstagsgeschenke versteckt sein. Aber WO?

Ich finde eine Rolle Geschenkpapier, bedruckt mit gelben Clowns, und einen Kasten Himbeerlimo, JUCHUH! In einer Schublade entdecke ich noch eine Packung Buntstifte und ein ausziehbares Lineal.

Dabei fällt mir ein, dass ich Mirko und mich mal wieder messen wollte! Ich reiße die Packung auf und ziehe einen Buntstift raus. Dunkelblau. Dann lotse ich Mirko zur Badezimmertür und male am Türrahmen Striche über unsere Köpfe.

„Ich bin größer!“, rufe ich. Was eigentlich logisch ist …

„Lass Mirko auch mal gewinnen“, ruft Papa aus der Küche.

Mmh … Wie soll ich das anstellen? Mir kommt ein Gedanke. Ich stemme meinen Bruder hoch. Doch sein Kopf reicht immer noch nicht über meinen Strich.

Also hocke ich mich vor ihn und nehme ihn auf die Schultern. Es ist gar nicht leicht, mit seinem Gewicht im Nacken aufzustehen, aber ich SCHAFFE es.

„Dadada-bui!!!“, ruft Mirko fröhlich.

In der Küche klappert Papa mit Geschirr und fragt: „Alles gut bei euch?“

„Mirko ist größer als ich!“, juble ich.

Im nächsten Moment stößt mein Bruder leider mit dem Knie gegen die Türklinke und kreischt los. Mama kommt aus dem Arbeitszimmer.

„Kannst du bitte einen Strich über Mirko machen?“ Ich reiche ihr den Stift – mit der anderen Hand halte ich Mirko fest, was gar nicht leicht ist, weil er jetzt strampelt.

Stattdessen nimmt Mama mir Mirko vom Kopf und läuft weiter in die Küche, um aufgeregt auf Papa einzureden. Mirko bleibt lieber bei mir und möchte auf das Klo klettern.

„Vorsicht, sonst wirst du ein Fischmonster!“ Zur Sicherheit klappe ich den Klodeckel herunter und stelle mich darauf. Von hier aus fällt mein Blick auf einen LIPPENSTIFT oben auf dem Badspiegel. Ich klettere weiter auf die Waschmaschine und hole ihn.

Zuerst bemale ich uns die Lippen, danach Wangen, Stirn, Kinn und Handflächen. Im Spiegel bewundere ich unsere roten Gesichter.

„Da-da-da“, ruft Mirko erschreckt, als er sich sieht.

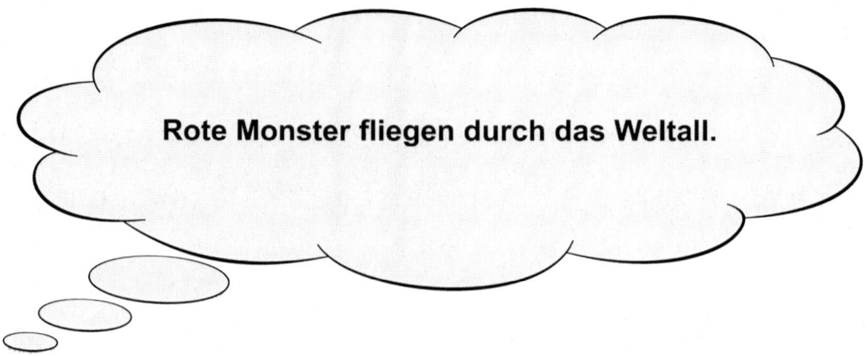

„WAS IST DAS?“, schreit Papa.

„OH NEIN!“, schreit Mama.

Von der Waschmaschine aus versuche ich sie zu beruhigen: „Das ist kein Blut, nur Lippenstift. Schaut mal, wie groß ich bin!“ Ich klatsche gegen die Badezimmerdecke.

Papa zerrt an meinen Beinen. „Alles ROT“, jammert Mama. Wirklich sieht man meine Handabdrücke an der Decke!

Mirko jauchzt: „Bui-bui-da!“, als Papa ihn zur Badewanne trägt. Das sieht witzig aus, weil Papa ihn dabei weit von sich weg hält.

Meine Eltern sind so beschäftigt, dass niemand das Telefon klingeln hört – außer mir. Ich stürze in den Flur und nehme ab. Am Apparat ist Opi. „Ich habe meine Hände als Stempel benutzt …“, beginne ich.

Papa schnappt mir den Hörer weg, der jetzt LIPPENSTIFTROT ist. Zu Opi sagt er: „Maxim verziert gerade die Wände.“

Um zu hören, was Opi antwortet, drücke ich die Lautsprechertaste, die ist jetzt auch rot. Ich höre Opi seufzen: „Was bei euch immer los ist … Gebt dem Jungen doch Papier, wenn er malen will."

Mama zieht mich zum Wasserhahn.

„Ich mache die Decke wieder sauber, wenn ich den Eimer finde", versichere ich.

„Das wäre schön!", ruft Papa aus dem Flur. Aber Mama findet das nicht. Sie sagt: „Ganz sicher kippst du nicht auch noch Wasser an die Wand."

Dann hilft sie mir, mit der Schrubbelbürste die Farbe von meinen Händen zu schrubben. Nur mein Gesicht wird nicht richtig sauber, weil ich es nicht so doll schrubben darf.

Später helfe ich Papa, die Decke zu putzen, bis nur noch ein roter Schatten übrig ist.

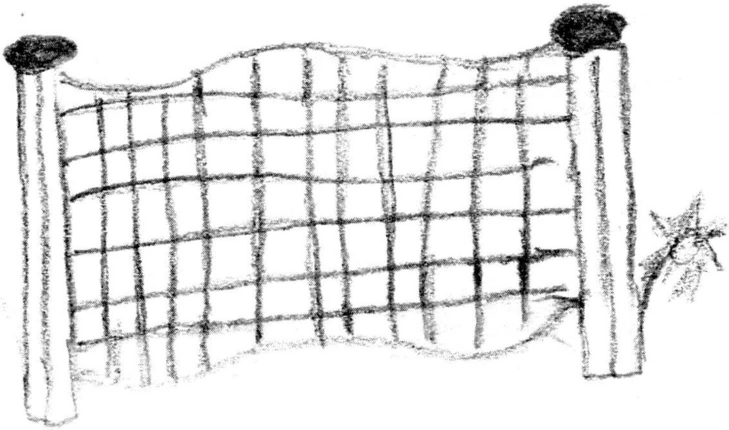

Wie ich im Zaun steckenbleibe und Julius fast überfahren wird

Am nächsten Tag bin ich immer noch rot im Gesicht, sodass Frau Adam fürchtet, ich könne Fieber haben. Bevor ich die Lippenstift-Geschichte zu Ende erzählt habe, klingelt es zur Pause.

Auf dem Schulhof hat Billa meistens einen guten Plan. So auch heute: Sie möchte zu unserem Geheimversteck. Dazu stellen wir ihr Auto an der Mauer ab, dann halten wir Ausschau, ob auch niemand in unsere Richtung schaut, bevor wir hinter der Mauer in die Hecke schlüpfen und am Zaun entlang weiterkriechen. Nach einigen Metern gelangen wir zu einer kleinen Lichtung mit zwei Steinen.

Direkt neben den Sitzsteinen graben wir ein Loch unter dem Maschendrahtzaun. Drüben ist auch eine Hecke und der Schulhof einer Berufsschule für Jugendliche.

Erstmal setzen wir uns auf die Steine, öffnen unsere Brotboxen und tauschen Brote. Es ist komisch: Während meine Eltern dauernd vergessen, dass ich kein Vollkornbrot mag, trifft Billas Mutter meistens meinen Geschmack. Toast mit salziger Butter!

„Ich glaube, heute können wir es schaffen", sagt Billa mit Blick auf den Tunnel, während sie genüsslich mein Käsebrot mampft.

„Meinst du wirklich?", frage ich skeptisch.

Billa steckt ihren Schuh in das Loch und lockert Erde, die ich in Windeseile rausschaufle.

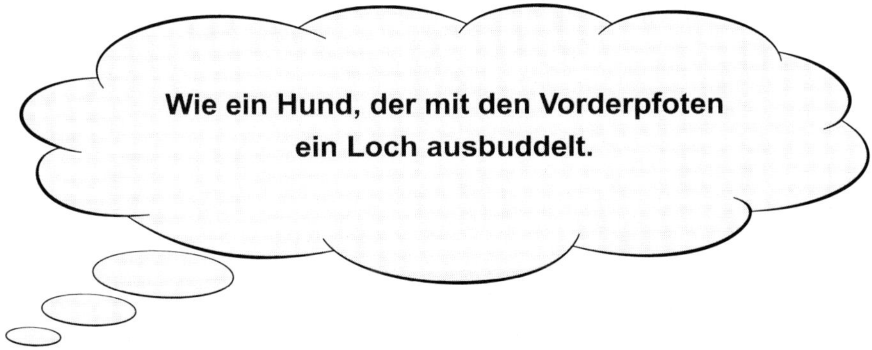

Billa drückt den Zaun ein wenig hoch. Kurzerhand macht sie einen Kopfsprung in das Loch und taucht auf der anderen Seite auf. „Komm auch rüber", sagt sie, „oder bist du zu groß?" Sie schmunzelt.

Da fällt mir eine Geschichte ein, die Billa neulich im Deutschunterricht vorgelesen hat. Von einer Welt kleiner Menschen. Alle Häuser sind niedrig mit kleinen Türen. Auf die Sitze im Bus passen nur Kleine. Speisen und Getränke stehen auf tiefen Tischen. Doch eines Tages wird ein Kind geboren, das größer ist als alle anderen und nicht aufhört zu wachsen. Es wächst immer weiter über die Möbel, bis es gegen die Decke stößt. Es muss Krankengymnastik machen, damit es gebückt laufen lernt, um in der kleinen Welt klarzukommen.

In Billas Geschichte waren alle kleinwüchsig. Deshalb war das normalgroße Kind behindert. So wie ich, wenn ich vielleicht nicht durch den Tunnel passe …

„Die Pause ist gleich um“, drängelt Billa.

Ich komme! Der Zaun pikt mich in den Rücken. Mit den Beinen versuche ich mich vorzuschieben. Billa reicht mir eine Hand.

„Ich kann nicht weiter!“, rufe ich erschrocken.

„Dann leg den Rückwärtsgang ein. Wo man reinkommt, kommt man auch wieder raus“, behauptet Billa. Aber das stimmt nicht!

Da sieht man, wie doof solche Sprüche sind. Papa hat früher auch gedacht: Wo man raufkommt, kommt man auch wieder runter. Bis er an mir gesehen hat, dass es Kinder gibt, die ÜBERALL hochkommen, aber nicht immer heil herunter.

Und jetzt stecke ich wie Winnie Puh in einem Erdloch ...

Ich bäume mich auf, bis der Zaun meine Jacke zerreißt. „HILFE!“, schreie ich aus Leibeskräften.

„Leise!“, zischt Billa. „Sonst finden sie uns noch.“

„Sie SOLLEN uns finden“, fahre ich sie an. „Das Versteck ist mir PIEPEGAL. Meine Beine sterben bald ab.“

Billa denkt kurz nach. „Ich geh zur Berufsschule, vielleicht können die dich rausholen.“ Sie stiefelt los.

Als ich sehe, wie langsam sie vorankommt mit ihren kurzen Beinen, muss ich weinen. Ich beruhige mich mit Rückwärtszählen: Zehn, neun, acht, sieben, sechs ... Auf einmal höre ich Julius rufen: „Maxim! Billa! Wo steckt ihr?“

„Hier!“, brülle ich. Nicht lange, dann packt er meine Füße und zieht mich mit einem Rutsch aus dem Loch. Meine Beine kribbeln, aber sind lebendig wie immer. Ich falle Julius um den Hals. „DANKE!!!“

„Lass mich los!“, ächzt er. „Wo ist Billa?“

Da kommt sie von der anderen Seite durch die Hecke, gefolgt von unserem Hausmeister. Wie sich herausstellt, ist er auch der Hausmeister der Nachbarschule.

„Was'n hier los?“, fragt der Hausmeister. „Hatten wir nicht neulich schon das Vergnügen?“ Er meint damit nicht, dass er WIRKLICH vergnügt ist.

„Jetzt brauchen wir Sie gar nicht mehr“, sagt Billa schulterzuckend und schlüpft durch den Zaun zu uns.

„Kannst du den anderen bitte nichts von dem Versteck verraten?“, fragt sie Julius.

„Nur wenn ihr das Loch SOFORT zuschüttet“, erwidert er.

Das tun wir natürlich. Julius weiß wohl nicht, dass man lockere Erde einfach wieder rausschaufeln kann.

Unser Praktikant schickt Billa schon in den Unterricht. Mit mir geht er ins Bad zur Wechselwäsche, weil meine Hose dreckig ist. Wegen meiner zerrissenen Jacke muss ich ein bisschen weinen.

Danach habe ich schon die halbe Mathestunde verpasst. Frau Adam meint: „Jetzt lohnt es sich nicht mehr einzusteigen. Julius, nimm bitte Maxim mit zum Supermarkt: Eis holen wegen Luisas Geburtstag."

Ich wusste gar nicht, dass Luisa noch vor uns Geburtstag hat. Leider hat sie keinen Kuchen mitgebracht. Aber das ist nicht schlimm, weil sie gleich Eis bekommt.

Ich LIEBE Einkaufen. Fröhlich hüpfe ich neben Julius her.

Am Supermarkt angekommen, wippe ich in der Automatiktür vor und zurück, bis die Lichtschranke verwirrt ist und die Tür nicht mehr zugeht.

Julius erlaubt mir, einen Einkaufswagen zu holen. Ich besorge uns einen guten – mit Trittstufe unten dran, die man zum Rollern benutzen kann. WRUMM … Leider kriege ich die Kurve nicht und knalle in den Obststand. Eine kleine Aprikose purzelt herunter, die ich gleich aufhebe und verspeise.

Ich düse weiter zu den Süßigkeiten. „Kann ich bitte Lakritz?"

„Nur Eis", erwidert Julius genervt.

Ich raste nicht aus, sondern lenke mich mit Kinderzeitschriften ab. Die neue Micky Maus! Ich blättere zur Rätselseite, zu der Auflösung von letzter Woche. Billa und ich kamen einfach nicht darauf, wer der Einbrecher im Wasserwerk war …

„Bitte steh auf", höre ich eine verzweifelte Stimme. JULIUS. Den habe ich ganz vergessen.

Da finde ich endlich die Rätselauflösung: Der Wasserwerkbetreiber war es! An seinen Schuhen sieht man, dass er durch Matsch gelaufen ist, obwohl er bei der Polizei erzählt hat, dass er die ganze Nacht in seiner Wohnung war. AHA! Ich will Julius das Rätsel erklären, doch er hört nicht zu, sondern schimpft: „Du sollst nicht weglaufen und alles anfassen!"

Er zieht mich an der Fischtheke vorbei. Ein toter Rotbarsch starrt mich an. Seine Augen sehen aus wie Knöpfe, kalt und scheußlich. „IIIHHH, IIIHHH, IIIIIHHHH!!!"

„Hör auf zu schreien, die Leute gucken schon", wispert Julius. „Wo ist bloß das Eis?"

Ich führe ihn zu den Gefriertruhen. „Echt Glück, dass du mich dabei hast!"

Julius lacht, als hätte ich einen Witz gemacht.

Wir schauen alle Eissorten durch. Julius möchte den großen Family-Mix nehmen.

„Bei dem Mix wollen immer alle die Flutschfinger. Nimm lieber gleich Flutschfinger“, rate ich. Er wirft drei Packungen davon in den Wagen.

An der Kasse kauft er mir noch einen Cola-Lolli, weil ich den sowieso nicht loslasse. Neben uns packt eine ältere Dame ihren Einkauf ein. Der Kassierer schiebt ihre Waren grob zur Seite, weil sie zu langsam ist. Ich flitze hin und helfe.

„Das ist aber lieb!“, sagt die Omi überrascht, als ich ihr die Tüte auf den Rollator hieve. Ich winke ihr zum Abschied.

Auf dem Rückweg pfeife ich vor mich hin und drehe mich um mich selbst.

„Tob’ dich ruhig aus“, rät Julius.

Das lasse ich mir nicht zweimal sagen. Ich stürme los, zur Kreuzung mit der Blindenampel. Die Augen zugekniffen, spiele ich blind zu sein. Mit den Fingern ertaste ich den Knopf unter dem Ampelkasten.

Viele Leute denken, man muss auf das Blindenzeichen drücken. Aber das stimmt nicht, wie sollen

Blinde das denn sehen? In Wahrheit löst der Knopf untendrunter das Signal aus. Brummen bedeutet GRÜN.

Ich taste mit dem Fuß nach der Bordsteinkante und laufe geradeaus auf die Straße. Im selben Moment höre ich Julius schreien. Ich blinzele. Zwei Autos fahren auf mich zu. War etwa noch nicht grün? Blitzschnell springe ich zurück. Gleichzeitig versucht Julius, mich nach hinten zu ziehen, verfehlt mich und stolpert an mir vorbei auf die Straße.

Ein Auto quietscht laut, ein anderes hupt und ein Lastwagenfahrer brüllt aus dem Seitenfenster. Es ist richtig was los! Julius rappelt sich auf und presst mich an sich.

„Atme erstmal tief durch“, sage ich, „du wurdest beinahe ÜBERFAHREN.“

Wir setzen uns auf die Mauer vor das Schulgebäude. Meine Beine werfen Wackelschatten. Mit einem Kanten von Julius’ Pausenbrot füttern wir Spatzen.

Unglaublich, dass es vor wenigen Tagen geschneit hat. Heute ist es sonnig und warm, auch ohne Jacke. Ich erzähle einen von Billas Witzen: Treffen sich ein Kuckuck und ein Hai, sagt der Hai „Kuckuck" und der Kuckuck „Hi!"

Als es zum Stundenende klingelt, gehen wir rein. Billa verteilt die Flutschfinger, die schon leicht geschmolzen, aber dadurch umso saftiger sind. Und weil wir nur eine Sorte gekauft haben, gibt es auch keinen Streit.

Wie wir im Aquarium Karpfen fangen

Einmal im Monat machen wir mit der Klasse einen Ausflug. Diesmal gehen wir ins Aquarium.

Jonas knabbert nervös an seinen Fingernägeln. Linus und Max spielen auf dem Schulflur Fangen. Luisa und Paul stehen Hand in Hand neben Matilda und Miriam und warten auf Frau Adam, die noch das Klassenzimmer abschließt.

Auf dem Weg zum Schultor mache ich drei Radschläge vorwärts. Linus versucht es mir nachzutun und fliegt erstmal hin – Knie aufgeschürft! Zum Glück hat Frau Adam Pflaster dabei, sonst müssten wir direkt umkehren.

„Hallo Flummi, lange nicht gesehen“, begrüßt mich Billa, als ich hinten auf ihr Auto aufspringe. Das ist wohl ironisch gemeint.

„Warum muss ICH laufen und Maxim nicht?“, nörgelt Linus.

„Weil er mein Freund ist“, ruft Billa.

Ich lache. In Wahrheit fällt es mir gar nicht leicht, auf ihrem Tritt stehen zu bleiben, weil meine Beine lieber springen möchten.

Vor langer Zeit, als ich so alt war wie mein Baby-Bruder, war ich schon mal im Aquarium und wollte in ein Becken mit Fischen springen. Mama ist dann lieber mit mir ins Schwimmbad gegangen.

An der Bushaltestelle fährt Billa eine Pirouette und macht dann eine Vollbremsung – da, wo der Bus seine Rampe ausklappt. Oder: ausklappen SOLLTE. Denn der Bus kommt schräg und zu weit vorn zum Stehen. So hängt die Rampe beim Ausklappen auf einer Seite in der Luft.

„Herr Busfahrer! Sie müssen nochmal GERADE parken“, rufe ich dem Fahrer zu.

„Erst aussteigen lassen“, meckert ein älterer Herr und stößt mir seinen Gehstock auf die Hand.

Fremde Beine steigen über mich hinweg. Frau Adam zieht mich zur Seite und klappt die Rampe wieder ein. „Bestimmt kommt der Fahrer gleich und hilft.“

„Aber der Bus steht zu SCHIEF“, erkläre ich ihr. Billa nickt mir zu und verdreht die Augen.

„Mehr Respekt und weniger quatschen“, meckert der ältere Herr, der noch hinter mir steht.

„Danke gleichfalls“, erwidert Billa.

Ich pruste los und schlage mir gleich darauf die Hand vor den Mund. Leute auslachen ist gemein.

Julius steigt mit den anderen schon mal ein. Ich erschrecke. Was ist, wenn der Bus losfährt und Billa stehen lässt?

Endlich kommt der Fahrer und stellt fest, dass sich die Rampe nicht ausklappen lässt.

„Hab ich doch gesagt“, rufe ich.

„Hat er wirklich“, bestätigt Jonas von drinnen. Neben ihm leckt Max die Fensterscheibe an.

Der Busfahrer stemmt sich gegen das Elektromobil, doch es bewegt sich keinen Zentimeter, weil Billa den Motor ausgedreht hat.

„Sowas mag ich, wenn ich schon im Verzug bin …“, sagt der Busfahrer. Doch dabei schaut er muffelig. Schließlich fährt er den Bus nochmal richtig an den Bordstein und lässt Billa einsteigen.

Frau Adam zieht mich neben sich auf einen Sitz. Linus hangelt lieber an den Griffen. „Lass das bitte!“, sagt meine Lehrerin.

Linus kommt erst herunter, als ich ihn gegen das Schienbein boxe.

„Das war nicht nett von dir, Maxim“, bemerkt Frau Adam. „Beruhige dich am besten ein bisschen vor dem Aquarium.“ Sie legt einen Arm um mich.

Dabei rege ich mich gar nicht auf, sondern wollte ihr nur helfen!

Vor der Kasse stehen ungefähr hundert Kinder und Erwachsene.

„Ich HASSE Schlangestehen!“, brülle ich.

Linus kriecht schon mal durch die Beine der Anstehenden. Julius versucht, ihn zurückzuholen, aber kommt nicht durch.

„Ich mach’ das schon“, biete ich an und schlängele mich an den Menschen vorbei. Knapp hinter dem Kassenhäuschen erwische ich Linus. „Man darf nicht ohne Eintrittskarte rein“, zische ich ihm zu.

„Lass uns schon Fische gucken“, schlägt er vor, während er sich Dreck von den Knien klopft.

Direkt vor uns befindet sich ein Wasserbecken mit einem Schild: KARPFEN. Am Rand tunken Kinder ihre Hände ins Wasser. „Das ist das Becken, in dem ich früher schwimmen wollte“, freue ich mich.

Riesige Fische stoßen an der Oberfläche Blubbern aus. Linus antwortet: „Oooohh“ und küsst in die Luft. SUPERWITZIG. Ich versuche einen zu erwischen, aber er ist zu glitschig. Linus gelingt es fast.

Im letzten Moment schlüpft er ihm aus den Händen und springt zurück ins Wasser.

Jemand zerrt an meiner Jacke – die ist NEU, bitte nicht zerreißen! Ein Mann mit Museumsabzeichen am Gürtel, AUWEIA!

„Wir haben noch keine Eintrittskarten", gebe ich zu.

„Bist du jetzt Linus' Freund, oder was?", brummelt Billa hinter mir. Sie kommt gerade richtig! Ich entwische dem Mann und springe bei ihr auf.

„Soll ich dir einen Fisch fangen?", schlage ich vor.

„Das lässt du schön bleiben", schaltet sich Frau Adam ein und entschuldigt sich noch schnell bei dem Museumswärter. Dabei hält sie Max und Enno fest, die jetzt auch die Karpfen entdeckt haben. Dann dirigiert sie die anderen zur großen Treppe.

Julius zeigt Billa und mir den Aufzug und drückt auf die Eins. „Ihr fahrt in die erste Etage und wartet da auf uns!" Bevor sich die Fahrstuhltür schließt, sehen wir noch, wie er Linus von den Karpfen wegzieht und dann Frau Adam einzuholen versucht.

Wände und Decke des Fahrstuhls sind verspiegelt. Wir sehen uns doppelt und dreifach. Echt COOL. Neben den Tasten stehen die Tiere, die es in den Etagen zu sehen gibt.

Plötzlich erscheint uns der erste Stock (Fische) nicht so spannend. Viel lieber möchten wir in den dritten: Spinnen und Insekten. Also warten wir, bis die Fahrstuhltür sich in der Eins wieder geschlossen hat und fahren weiter in die Drei.

Dort werden wir von einer Goliath-Vogelspinne in einem geräumigen Terrarium begrüßt. Dann folgt Spinne auf Spinne. Die größte einheimische Spinne ist die Große Winkelspinne, auch als Hausspinne bekannt. Gegen die größte Spinne der WELT ist sie allerdings mickrig. Die hat man kürzlich in Laos entdeckt und sie hat eine Spannweite von bis zu 30 Zentimetern.

„Hier gibt es auch Ameisen“, entdecke ich.

Ihr Terrarium ist oben OFFEN. Ich klettere auf die Umrandung. Die Ameisen krabbeln ordentlich in einer Reihe hintereinander. Ihre Körper leuchten rötlich. Ich schätze sie auf drei Zentimeter Länge! Um genauer zu messen, müsste ich den Daumen neben sie halten …

Billa kneift mir in die Wade. „Kannst du nicht lesen? Berühren verboten!“, keift sie.

„Ist das IHR Kind in den Ameisen?“, ruft eine Dame.

„Mein Kind ist leider SEHR unvernünftig“, antwortet Billa kichernd.

Natürlich war die Frage nicht an SIE gerichtet, sondern an Julius, der gerade in den Insektenraum gestürmt ist. Rot im Gesicht, schnauft er: „Wo seid ihr denn?“

„Ich bin hier“, sagt Billa. „Und Maxim ist bei den Giftameisen.“

GIFTIG??? Hektisch sehe ich mich um, bis ich das Schild entdecke: Tropische Riesenameisen. Die giftigsten Ameisen der Welt, OH, OH …

Wir folgen Julius in den ersten Stock. Außer Fischen gibt es dort auch SCHLANGEN, die wir sogar ANFASSEN dürfen, weil sie gerade von einem Tierpfleger gefüttert werden.

Enno, Billa und die Zwillinge möchten nicht. Luisa und Paul stupsen eine Blindschleiche an. Das ist keine echte Schlange, sondern eher ein großer Wurm.

Linus und ich nehmen die Äskulapnatter. Sie ist so lang, dass wir sie zu zweit halten: Linus den zuckenden Schwanz und ich das Vorderteil mit der Züngelzunge. Meine Hände fühlen sich zappelig an, trotzdem halten sie die Schlange fest und ruhig.

Später sehen wir noch bunte Quallen – leider sind keine Feuerquallen dabei. Und ein australisches Süßwasserkrokodil, leider hinter einer Scheibe.

In der Cafeteria ist alles voller Menschen und Lärm. Julius bestellt uns Spaghetti, weil Pommes ausverkauft sind. Ich stopfe mir gleich welche in den Mund.

Frau Adam drückt mich auf einen Stuhl und reicht mir eine Gabel. „Nimm bitte Besteck!“

„Ich esse sie immer mit den Händen“, erkläre ich. „Einmal habe ich eine Schere genommen, wie Pippi Langstrumpf. Mama hatte Angst, dass ich mir in die Zunge schneide …“ Ich verschlucke mich.

Weil Frau Adam mich mahnend ansieht, nehme ich dann doch die Gabel. Ich wickle die Spaghetti mit der Hand drum, aber sie springen gleich wieder runter. Wie machen die anderen das bloß? Nur Max kann auch keine Spaghetti rollen, deshalb füttert Frau Adam ihn.

Meine Lehrerin zischt Julius zu: „Hilf mal Maxim.“ WIE PEINLICH!!! Weil ich auf keinen Fall gefüttert werden will wie ein BABY, verschwinde ich unter dem Tisch.

„Maxim weiß doch bestimmt, wie man Spaghetti rollt“, höre ich unseren Praktikanten sagen, und dann LACHT er.

Ich HASSE es, ausgelacht zu werden! Blitzschnell komme ich hervor und spucke Julius meine zerkauten Nudeln ins Gesicht. Er springt auf und funkelt mich böse an.

„Pfui Teufel!“, sagt Frau Adam zu mir. Dann reicht sie Julius eine Serviette. „Dass er weiß, wie man Nudeln rollt, heißt nicht, dass er es auch KANN“, sagt sie leise zu ihm.

Ich schmatze albern und spiele mit dem Mund Spaghetti fangen.

„Warum isst der Junge wie ein Baby?“, ruft ein Kind vom Nachbartisch. Es hat ein rosa Kleid an und eine Spaghettirolle auf der Gabel – dabei ist es höchstens vier oder so. Wut schießt mir in den Bauch.

„Reg dich nicht auf, Maxim“, sagt Frau Adam.

ABER ICH REGE MICH AUF. Bis plötzlich Billa auf meinem Schoß landet. „Mich nennen sie auch immer Baby“, flüstert sie. Dann rollt sie mir ruckzuck eine Nudelrolle auf die Gabel und legt sie mir an den Tellerrand, bevor sie wieder in ihr Auto hopst.

„Mama, warum hat der Junge einen Rollstuhl, obwohl er laufen kann?“, höre ich das doofe Mädchen fragen. Damit meint sie wohl Billa.

Jetzt kann ich mich nicht mehr bremsen und werfe meine Gabel nach dem Nachbartisch. Es tut mir danach ein bisschen leid um die Spaghettirolle.

Frau Adam entschuldigt sich bei der Familie.

Bald darauf verlassen wir das Aquarium. Das war wirklich ein toller Ausflug!

Abends im Bett erzähle ich Mama, dass ich eine Äskulapnatter angefasst habe. Sie findet das echt mutig von mir.

Unter dem Kopfkissen ziehe ich meinen Schnuller hervor. Mir ist es unangenehm, dass ich noch einen habe, obwohl ich beinahe acht bin. Aber Mama sagt, das ist nicht schlimm. Schlimmer wäre, wenn ich sonst nicht einschlafen könnte. Im Schlaf verarbeitet das Gehirn nämlich die Erlebnisse des Tages und lernt. Außerdem wächst man im Schlaf.

„Frau Adam hat erzählt, dass du eine Gabel geschmissen hast?“, fragt Mama.

Ich kuschele mich neben sie. „Ach, das war nichts Ernstes“, murmele ich. „Schade ist nur, dass Julius erst wieder mit uns ins Aquarium will, wenn es Pommes gibt.“

Wie wir Fahrräder pupsen lassen

Einmal die Woche wird Billa früher abgeholt, weil sie bei der Physiotherapie ihre Muskeln trainieren muss – so wie heute.

Unschlüssig schaue ich mich auf dem Schulhof um. Fußball ist nichts für mich, weil ich schneller bin als der Ball und meistens an ihm vorbei renne. Schach mit Jonas am Spiele-Tisch scheidet auch aus, weil ich verlieren könnte und dann passiert mir womöglich etwas Peinliches, wie dass ich Spielfiguren durch die Gegend schleudere oder so.

Linus rast an mir vorbei und ruft: „Wettrennen zum Baum?“

Beim Wettrennen gewinne ich IMMER. Ich spurte los und schlage den Baum an. „Gewonnen, wieder zurück!“

Wir jagen hin und her. Als ich müde werde, deute ich zur Baumkrone und kraxle am Baumstamm hoch, Linus hinterher.

„Wir spielen nicht mehr“, keuche ich und lege meine Stirn an die Baumrinde.

Leoparden schlafen sogar auf einem Baum.

„Sind wir jetzt Freunde?“, fragt Linus von einem Ast unter meinem.

„Klar“, sage ich. „Ich lade dich auch zu meinem Geburtstag ein. Der ist in zwei Wochen.“ Dann frage ich: „Bist du eigentlich auch SUPER AKTIV oder warum kannst du so gut flitzen?“

„Häh?“, macht er.

„Mein innerer Motor läuft zu schnell“, erkläre ich. „Stell es dir vor wie bei einem Auto, das zu doll rast. Dann wird sein Benzin zu schnell verbraucht.“

„Rast mein Motor auch?“, will er wissen.

„Das kann man nicht von außen sehen“, sage ich. „Man muss zu einem besonderen Arzt gehen, der testet, ob man zu wenig Treibstoff hat. Dann hat der Kopf zu wenig Kraft zum Aufpassen und man versucht sich selbst anzutreiben mit Rumzappeln oder Quatsch … So wie bei mir.“

„Ich mag Rumzappeln und Quatsch auch gern!“, sagt Linus grinsend.

„Weißt du was?“, ich beuge ich mich zu ihm. „Morgens bekomme ich eine Tablette mit sowas wie Kaffee. Damit kann ich besser aufpassen.“

„Kannst du mir mal eine mitbringen?“, fragt Linus. „Ich bring dir auch Schoki von Weihnachten mit.“

Ich zögere. „Ich glaube, das erlaubt meine Mama nicht."

Vom Baum seilen wir uns in die große Mülltonne ab. Es ist nur wenig Müll drin, aber einige interessante Dinge: Eine Murmel und eine halbe Milchschnitte, die ich in die Innentasche meiner neuen Jacke stopfe. Auch eine alte Zeitung mit Kreuzworträtsel stecke ich ein, für Papa.

„Bah, stinkt das", findet Linus. „Können wir wieder raus?"

Direkt neben den Mülltonnen steht mein Fahrrad. Linus bewundert die Feuerwehraufkleber auf meinen Schutzblechen. Plötzlich dreht er am Ventil, es zischt. „Dein Rad hat gepupst", ruft er übermütig. LUSTIG!

Wir lassen auch die anderen Räder im Fahrradständer pupsen.

„Was macht ihr da?", fragt der Hausmeister, der gerade aus seinem Gartenhäuschen kommt. Linus kichert.

Ich erschrecke. Bestimmt ist es VERBOTEN, Luft aus Reifen zu lassen. „Gar nichts“, flunkere ich. Der Hausmeister geht weiter. PUH.

„Kann man einfach wieder aufpumpen“, versichere ich Linus. „Aber verrat’ trotzdem nichts, sonst kriegen wir Ärger.“

Er nickt verständnisvoll. Kurz darauf kommt seine Mutter ihn abholen. Sie schimpft über die platten Reifen an Linus’ Fahrrad und ruft den Hausmeister. Der holt seine Luftpumpe und streift uns mit misstrauischem Blick, bevor er weiterstiefelt.

Hoffentlich entdeckt Linus’ Mama nicht, dass ALLE Reifen platt sind. Um sie abzulenken, frage ich: „Entschuldigen Sie? Linus wollte mal wissen, ob er ADHS hat. Weil er auch so zappelig ist …“

Wortlos verschwindet seine Mutter mit Linus und dem platten Fahrrad durch das Schultor.

„Tschüssi, Linus und Linus-Mama!“, rufe ich ihnen hinterher. Dann schnappe ich mir die Luftpumpe und pumpe alle Räder wieder auf.

Danach schaue ich mir die Luftpumpe genauer an. Sie hat einen Aufsatz für verschiedene Ventile, auch eine Nadel, mit der man Bälle aufpumpen kann. Einmal wollte ich mit einer Ballpumpe mein Fahrrad aufpumpen und habe das Ventil zerstochen. Seitdem passe ich genau auf, dass ich nichts Falsches in ein Fahrradventil stecke.

Ich pikse mir die Ballnadel auf den Finger. Tut gar nicht weh! Versuchsweise stecke ich sie ins rechte Ohr, aber spüre nichts. Wahrscheinlich ist mein Gehörgang zu lang. Mal im linken Ohr probieren … AU!!! Es schmerzt so doll, dass ich fast weinen muss. Ist mein linker Gehörgang etwa kürzer als der rechte?

Ich schraube die Nadel ab und schleudere sie in die Mülltonne, damit sie niemanden mehr verletzen kann. Dann bringe ich die Pumpe zum Gartenhaus.

Der Hausmeister schaut überrascht aus dem Fenster und hebt dankend die Hand.

Als meine Mutter mich abholt, höre ich sie nicht. Das liegt daran, dass es in meinem linken Ohr rauscht und knistert. Mama möchte gleich mit mir in die Notaufnahme.

Aber ich will nicht! Als ich mir letztes Jahr den Arm gebrochen habe – beim Sprung vom Schuppendach – mussten wir dort stundenlang warten.

„Warten ist viel SCHLIMMER als Ohrknistern“, flehe ich Mama an. „Außerdem hat man doch extra ZWEI Ohren, falls eines kaputtgeht.“

Offenbar leuchtet ihr das ein, denn sie ruft nun erstmal Papa an (echt praktisch, einen Arzt in der Familie zu haben).

Als der nach Hause kommt, schaut er mir mit einer Taschenlampe ins Ohr und meint, dass der Kratzer im Trommelfell von alleine heilen wird. Aber ich solle mir bitte nie wieder – EGAL WAS – ins Ohr stecken, und zwar in KEINES von beiden.

Am Abend ruft die Mutter von Linus an. Danach ist Mama sauer auf mich.

„NIE darfst du anderen Kindern deine Tabletten anbieten!“, schimpft sie. „Und WARUM hast du Linus erzählt, dass du von uns Kaffee bekommst?“

Verärgert haue ich auf den Tisch. „Ich habe nicht ‚Kaffee‘ gesagt, sondern ‚WIE Kaffee‘, so wie Papa es mir erklärt hat.“

Als hätte er an der Küchentür gelauscht, kommt im selben Moment mein Vater herein und sagt zu Mama: „Lass ihn doch sprechen, worüber er will.“

Mama sagt resigniert: „Außer Billa ist Linus doch Maxims einziger Freund. Und jetzt möchte die Mutter nichts mehr mit uns zu tun haben.“

Aus Versehen stoße ich gegen meinen Becher, Apfelsaft läuft über den Tisch. „Upsi, wollt’ ich nicht.“ Schnell werfe ich ein Küchenhandtuch auf die Saftpfütze.

Mirko patscht darauf und singt „Dadada-bui!“ Mama läuft aus der Küche.

„Du hast nichts falsch gemacht“, findet Papa.

Das sagt er selten zu mir. Nur schade, dass es gerade nicht stimmt.

Wenn Papa mich ins Bett bringt, legt er sich immer mit in die Hängematte und wir quasseln noch die halbe Nacht.

„Ich hab' ein Kreuzworträtsel für dich in der Jackentasche“, sage ich.

„Schön“, findet Papa. „Und Mama hat erzählt, dass du im Aquarium eine Schlange angefasst hast? Echt toll, dass du dich das getraut hast.“

Dann fragt er: „Weißt du, was ICH mich mal im Zoo getraut habe?“ Er beugt sich zu meinem rechten Ohr und flüstert: „Ich habe einem Gorilla die Hand geschüttelt.“

„Wo kann man denn Gorillas anfassen?“, frage ich gespannt.

„Heute geht das nicht mehr … Ich muss ungefähr in deinem Alter gewesen sein. Vati – also dein Opi –

hat mir die Affenkäfige gezeigt. Die hatten früher nur Gitter drumrum. Durch das erste haben die Affen ihre Arme rausgestreckt, deshalb war davor eine zweite Umzäunung, über die ich rübergesprungen bin."

„Das hätte ich auch gemacht", werfe ich ein.

Papa fährt fort: „Ein Gorilla hat seinen Arm rausgestreckt, als wollte er mir die Hand geben. Und ich habe natürlich eingeschlagen, denn es war der LINKE."

„Wurdet ihr Freunde?", möchte ich wissen.

„Im Gegenteil! Er wollte meine Hand nicht mehr loslassen und hat mich immer weiter in den Käfig gezogen, bis ich von außen gegen das Gitter gepresst wurde. Ich hab' gebrüllt wie verrückt. Opi kam über den Zaun gehechtet und schlug mit einer Latte auf den Gorilla ein, bis der mich endlich losgelassen hat. Tagelang lief ich mit einer blau gequetschten Hand herum …"

ARMER PAPA! „Hat Opi mit dir gemeckert?"

Papa winkt ab. „Er hat gefragt, was ich draus gelernt habe. Und ich meinte, ich hab gelernt, dass ich von Gorillas abstamme. Weil ich doch auch Linkshänder bin."

Ich lache. „Man merkt, dass du MEIN PAPA bist."

Noch die halbe Nacht denke ich an Gorillas. Und an meinen Freund Linus.

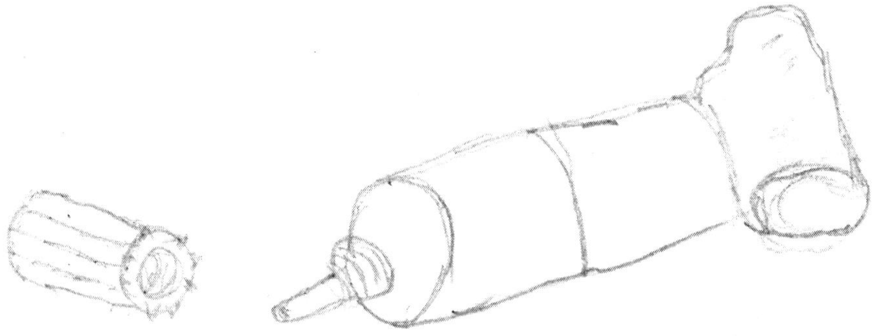

Wie ich mich an Billa festklebe

Der nächste Tag beginnt um 5:14 Uhr. Das zeigt mein Wecker und der geht auf die Minute genau, weil er per Funk die Zeit übermittelt bekommt.

Leider motzt Mama direkt nach dem Aufwachen mit mir herum: Sie findet es eklig, dass ich nicht normal aufs Klo gehen kann. HÄH?

Da fällt mir ein, dass ich pullern muss. Und beim Pullern fällt mir ein, was passiert ist: Gestern Abend habe ich Pipi in den Zahnputzbecher gemacht – ich war nämlich beim Zähneputzen, als ich dringend musste. Dann habe ich offenbar vergessen, den Becher ins Klo auszuleeren. Mama sagt, dass sie nachts Wasser trinken wollte, aber stattdessen Pipi in den Mund bekam.

IGITTIGITT. Es schüttelt mich richtig, wenn ich daran denke. Kein Wunder, dass sie meckerig ist!

Ich verkrieche mich im Elternbett. Mirko, der darin liegt, wacht auf und weint. Ich hatte ihn gar nicht gesehen. Er schreit ZU LAUT. Ich werfe ein Kissen auf sein Gesicht und lege mich darauf.

Papa stößt mich zur Seite und kreischt: „Hab-ich-dir-doch-schon-tausendmal-gesagt-NIEMALS-Kissen-auf-Babys!“

Ich hopse auf seinen Rücken. „Ich will RAUFEN!“

Aber er sagt bloß: „Hör auf damit!“ und kümmert sich weiter um Mirko. Vor Ärger trete ich gegen die Wand, bis Mama „Klingeling, leise!“ ruft.

Klingeling – das ist so eine Erfindung meiner Eltern, um mich an Regeln zu erinnern. Bei fünf Klingelings darf ich später keinen Yakari-Film sehen. GEMEIN. Denn ich bin eigentlich gar nicht schuld an meinem Lautsein, ich KANN einfach nicht still sein, weil meine Beine sich immerzu stark bewegen. Sogar, wenn ich schleichen will wie ein Indianer.

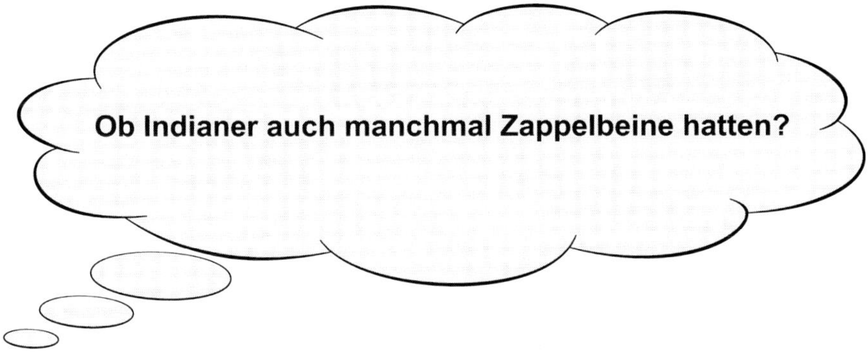

Weil ich im Bad noch sauer bin wegen Mamas Klingeling, schmeiße ich alle Seifen und Waschgels in die Badewanne. Dann ziehe ich meinen Schlafanzug aus und stopfe ihn ins Klo.

Mama sieht aus, als wolle sie mir gleich das nächste Klingeling geben. Doch stattdessen atmet sie tief ein und bittet: „Schenk mir einen AugenBLICK!“ Verwirrt schaue ich sie an.

„Du bist noch wütend. Ich mache dir warme Milch, dann versuchst du dich runterzuschrauben.“

„Ich kann mich nicht runterschrauben, wenn mein Lieblingsschlafanzug bei den Fischen ist", heule ich.

Mutig steckt Mama ihre Hand ins Klo und fischt ihn heraus. Danach trägt sie mich huckepack zum Frühstückstisch.

Kaum habe ich mich mit Mama vertragen, werde ich wieder von Papa angemeckert, weil ich meine Hand im Nutellaglas untertauche. Dabei habe ich mir nach dem Ins-Klo-Fassen extra die Hände gewaschen. Meine Schokocreme-Hand landet in Papas Meckergesicht. UPSI.

„ES REICHT", brüllt Papa. „Du gehst zum Beruhigen in dein Zimmer!"

Doch da weint Mirko im Schlafzimmer und Papa läuft hin und knallt die Tür hinter sich zu.

„Klingeling", rufe ich ihm hinterher. „Geh zum Beruhigen in dein Zimmer!"

Mama wäscht mir gründlich die Hände und gibt mir dann meine Tablette in einem Löffel Nutella vermischt, bevor wir zur Schule aufbrechen.

Am Nachmittag gehe ich mit Billa nach Hause. Auf dem Weg gibt es nur zwei Straßen und beide haben Ampeln, deshalb können wir alleine gehen.

Billas Wohnung liegt im Erdgeschoss mit Blick auf einen Innenhof, in dessen Mitte eine große Tanne steht. In der Adventszeit war sie festlich geschmückt mit Weihnachtskugeln, Schokokugeln und Vogelfutterkugeln. Um den Tannenbaum herum kann man super Fangen spielen. Nicht mit Billa, aber mit den Nachbarskindern.

Weil Billas Mutter allein mit ihr ist und nicht arbeitet, kann sie sich den ganzen Tag um Billa kümmern – und um mich, wenn ich zu Besuch bin. Sie erwartet uns schon und wir gehen gleich weiter über den Hof, durch die Unterführung bis zum Park und weiter zum Spielplatz mit dem hohen Klettergerüst. Es ist das höchste, das ich kenne.

Ich schaffe es ruckzuck bis zur SPITZE. Billa schafft es immerhin zur Mittelebene und wieder runter. Von oben kann ich sehen, wie ihre Mutter eine

Nachbarin trifft und mit ihr verschwindet. Wahrscheinlich bereiten sie irgendwas für Billas Geburtstagsfeier vor.

In der runden Hängeschaukel neben dem Kletterturm schwingen wir uns fast bis zum Himmel. Ich kann so DOLL Anschwung machen, dass Billa jauchzend hoch hüpft und ein Nachbarskind nach seiner Mama ruft. Die unterbricht unseren Schwung und holt ihr Kind raus.

Danach schaukeln wir weiter: Kraft in den Bauch, Arme und Beine anspannen, nach hinten lehnen und FLIEGEN.

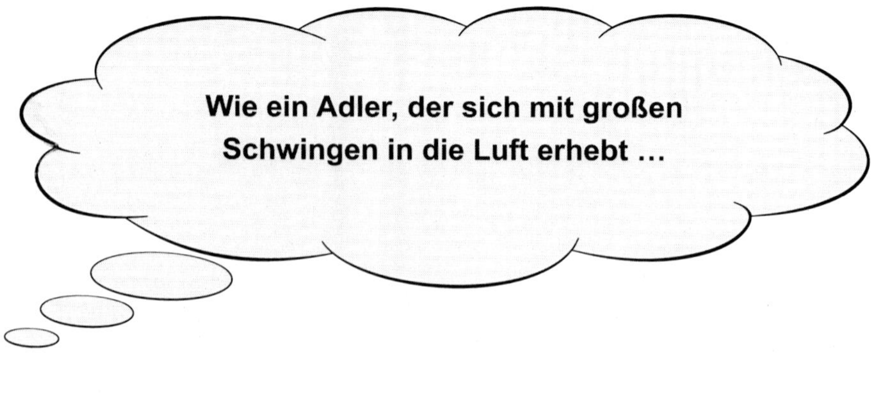

Ich könnte noch stundenlang schaukeln, aber Billa möchte nach Hause, Schiggy füttern.

Weil ihre Mama noch nicht zurück ist, machen wir uns allein auf den Weg. Doch direkt hinter der Unterführung hoppelt plötzlich Billas Auto und bleibt dann stehen. „Was ist los, Billa?"

Sie zeigt nach unten. „Ist was verkeilt?"

Ich knie mich neben die Hinterräder und sehe es: „Du hast einen Platten!" Eine Scherbe ragt aus dem Gummi. Ich pule sie heraus und halte sie Billa hin.

„Du blutest", stellt Billa fest.

Gut, dass Billa Taschentücher hat. Auch gut, dass sie ihr Handy dabeihat. Blöd ist nur, dass der Akku leer ist.

„Ich gehe einfach zur Mama von Jonas, die wohnt da vorn", beschließt sie.

Als ich allein bin, stecke ich meinen Daumen in den Mund und nuckle, damit er aufhört zu bluten. Dann wird mir einsam. Im Kopf zähle ich, solange, bis Billa wiederkommt.

Sie kommt bei der Zahl 59 und ist ganz außer Atem. In den Händen hält sie eine Luftpumpe und ein Fahrradreparaturset.

Zwar haben wir noch nie ein Fahrrad geflickt, aber es ist ja logisch, dass man das LOCH ZUKLEBEN muss. Deshalb stecke ich die Klebetube da hinein, wo ich die Scherbe rausgezogen habe und drücke.

Auf der Tube steht: „Sekundenkleber. Darf nicht in die Hände von Kindern gelangen." Angestrengt studiert Billa die Anleitung. „Ich glaube, man muss noch irgendwas draufkleben."

Ich reiche ihr ein Blatt von einem Strauch. Sie drückt es auf das Loch, aber es hält nicht. Eigentlich wäre es auch doof, wenn sie ein Blatt am Rad kleben hätte …

Von vorne kommt Jonas angerannt. Seine Mutter hat ihn geschickt, damit er uns hilft. Er kramt einen runden Aufkleber aus dem Set. „Das hier ist ein FLICKEN", erklärt er.

Von hinten kommt nun Billas Mutter. „Was ist passiert?“, ruft sie, bevor sie die Lage durchschaut. „Wir müssen zu Hause den SCHLAUCH aus dem Reifen holen.“ Jonas nickt schlau.

Billas Mama stellt einen Hebel am Elektromobil um, damit es sich schieben lässt. Bloß darf Billa nicht mitfahren, weil das zu schwer wäre. Damit sie besser laufen kann, nehme ich sie an die Hand. Trotzdem ist sie bald erschöpft.

„Du darfst mich tragen“, erlaubt sie mir, als Jonas außer Sichtweite ist. Aber das geht nicht, denn sie lässt mich nicht los. Oder besser gesagt: Unsere HÄNDE gehen nicht mehr AUSEINANDER.

„Entschuldigung“, sage ich zu Billas Mama, „wir sind FESTGEKLEBT.“

„Mit Fahrradkleber“, ergänzt Billa.

„Nee, oder?“, fragt Billas Mutter ungläubig.

„Gar nicht lustig.“ Ich stampfe auf. Dann kriege ich Panik. Muss man unsere Haut jetzt AUSEINANDER-SCHNEIDEN?

„Wir suchen im Internet, wie der Kleber abgeht“, beruhigt mich Billa, „… sofern wir tippen können.“

Doch das ist nicht nötig. Denn während Billas Mama uns nebeneinander durch die Wohnungstür zum Sofa schiebt, telefoniert sie schon mit einer Kinderärztin.

Danach bringt sie eine Schüssel warmes Wasser mit Seife und wir müssen unsere Hände einweichen. In einer anderen Schüssel tunkt sie den Schlauch unter. Wo das Loch ist, sprudelt Luft nach oben.

Für mich ist es ziemlich anstrengend, sitzen zu bleiben, ohne meine Hand zu bewegen. Ich beobachte Schiggy in ihrem Terrarium, wie sie in Zeitlupe ihren Kopf gegen die Scheibe schnuffelt.

Gibt es eigentlich auch SUPER AKTIVE Schildkröten?

Plötzlich sind unsere Hände FREI. Die Haut sieht noch verschrumpelt aus und man kann einige Klebereste sehen. Billas Mama klebt mir ein Pflaster auf den Daumen, obwohl die Scherbenverletzung gar nicht mehr weh tut.

Später kommt Mama mit Mirko in der Trage. Ich zwicke meinen Bruder ins Ohr, bis er aufwacht und mich anstrahlt.

Wie wir eine Pyramide essen und ich verkabelt werde

Bis zu Billas Geburtstag ist es nur noch eine Woche, und dann noch vier Tage bis zu meinem. Das heißt, dass ich ein Jahr und vier Tage nach Billa geboren wurde.

Heute ist erstmal ein besonderer Tag für unseren Praktikanten. Er soll Unterrichten üben, damit er später ein richtiger Lehrer werden kann.

Wir haben versprochen, besonders nett zu Julius zu sein. „Sind wir das sonst nicht?", hat Billa verwundert gefragt. Unsere Lehrerin hat versprochen, Julius nicht reinzureden. Sie sitzt HINTEN im Klassenraum und beobachtet uns.

„Heute geht es um gesunde Ernährung!“, beginnt Julius und malt etwas an die Tafel.

„Ist das ein Tisch?“, will Linus wissen.

„Bist du bescheuert? Hast du schon mal einen dreieckigen Tisch gesehen?“, fragt Jonas.

„Wir beschimpfen hier niemanden!“, sagt Frau Adam in unserem Rücken und wir alle drehen uns um, um ihr zu sagen, dass sie gerade reinredet.

Schnell verrät uns Julius, was er gemalt hat: Eine Pyramide!

Jonas meldet sich und erklärt, dass Pyramiden alte Grabstätten voller Reichtümer sind, die für tote Pharaonen erbaut wurden. Sie stehen in Ägypten (Afrika) und das Besondere an ihnen ist, dass sie dreieckig und sehr hoch sind und keine Fenster haben.

„Wenn die Pharaos eh tot sind, brauchen sie ja keine Fenster mehr“, brüllt Linus rein – und wir drehen uns alle zu Frau Adam um.

„Wir melden uns vor dem Reden!“, sagt sie seufzend. Alle lachen. Außer Luisa, die weint, weil die Pharaonen tot sind.

Mit echten Pyramiden hat die Zeichnung nichts zu tun, wie sich herausstellt.

Ganz oben schreibt Julius „Süßigkeiten“ hinein. Das heißt leider nicht, dass sie am besten für den Körper sind, sondern im Gegenteil, dass man von ihnen am wenigsten braucht. Die Spitze ist nämlich der KLEINSTE Teil der Pyramide.

Ganz unten steht Wasser – davon braucht man am meisten. Darüber steht: Getreide, Obst&Gemüse und etwas kleiner: Eier/Käse/Fleisch.

Um die Sache anschaulicher zu machen, stellt Julius Wasserflaschen auf den Lehrertisch und stapelt darauf Vollkornbrot. Dann verteilt er Tomaten, Erdbeeren, Weintrauben und ESSBARE Blumen.

Eigentlich sollen wir die Früchte auf die Brote legen, aber als er das sagt, sind meine Trauben schon im Bauch verschwunden und neben mir kaut Billa ihre violette Blüte.

Zum Abschluss legt Julius gekochte Eier auf das Obst und für jedes Kind einen Gummibärchen oben drauf. „Jetzt dürft ihr euch durch die Pyramide futtern, guten Appetit!", sagt er eine Sekunde bevor Linus und Max damit eh schon anfangen.

Praktischerweise geht das von oben nach unten. Wasser und Brot lassen wir übrig.

Bestimmt wird Julius mal ein guter Lehrer.

Meine Mutter holt mich heute früher von der Schule ab, weil ich zu einer Herz-Untersuchung muss. Morgens hat sie mir am Wochenplan die Bildkarte „KLINIK" gezeigt.

Weil man ADHS-Tabletten nur mit gesundem Herz nehmen darf, muss mein Herzschlag regelmäßig kontrolliert werden. Papa hat mir erklärt, was bei einem EKG gemacht wird: Kabel werden an die NACKTE Brust geklebt und leiten die Herztöne an ein Messgerät.

Die Leute im Wartezimmer sind mindestens so alt wie Opi. Eine Dame liest in einer Erwachsenen-Zeitschrift, auf der „BRIGITTE“ steht.

„Heißen Sie Brigitte?“, frage ich sie. Das wäre echt witzig!

Die Dame antwortet leider nicht. Ich versuche, mit ihr Kuckuck zu spielen.

„Setz dich bitte wieder“, flüstert Mama.

Stattdessen durchsuche ich den Zeitungstisch nach Kinderzeitschriften, leider ohne Erfolg. Da fällt mein Blick auf den Blumenstrauß. Ich ziehe eine Blume raus. Mama schießt mir einen warnenden Blick in die Augen.

Ein wartender Herr findet es schön, dass ich mich für Blumen interessiere, weil das heutzutage nicht mehr selbstverständlich sei.

„Ich interessiere mich SEHR für Blumen", erwidere ich, „vor allem für essbare." Ich probiere ein Stück von der mit der roten Blüte. Leider schmeckt sie EKLIG.

„Na sag mal!", ruft die Brigitte-Frau.

„Was soll ich sagen?", frage ich interessiert.

„Komm zu mir, Maxim", bittet Mama, „du kannst auf meinem Handy Schach spielen."

„Medien statt Erziehung", murmelt die Brigitte-Frau und der Blumen-Herr murmelt etwas von „Heutzutage …"

Mama zieht die Augenbrauen hoch und sagt zu mir: „Ich geh' nachfragen, wann wir an der Reihe sind. Und DU rührst dich solange nicht vom Fleck."

Der Blumen-Herr schüttelt den Kopf. „Früher wurden wir nicht so überwacht, sondern hatten einen Schlüssel um den Hals …"

„Warum denn?", frage ich verwundert.

Er erzählt mir, dass er als Kind immer die Haustür aufschließen musste, weil seine Eltern nicht da waren. Danach dreht er sich weg. SCHADE. Ich falte einen Papierflieger aus der Sportseite der „Frankfurter Rundschau“ und ziele auf seinen Kopf: WUSCH!

„Handys machen Kinder unausgeglichen“, sagt die Brigitte-Frau zu dem Blumen-Herrn. Eine andere Dame nickt bestätigend und ein Mann macht „Pscht!“

Gerade will ich ihnen erklären, dass ich fast NIE Handy spielen darf, als Mama mir vom Gang aus hektisch zuwinkt – wahrscheinlich, weil ich nicht mit Fremden reden soll.

„Tschüssi, ich muss los“, verabschiede ich mich von den Wartenden.

Mama und ich dürfen schon in einen Untersuchungsraum. Leider ist kein Arzt zu sehen. Hinter einer Liege steht das Herz-Gerät, eine große Spinne mit Kabel-Armen, die ich aber nicht anfassen soll. LANGWEILIG! Ich lege mich auf den Boden und zapple mit Armen und Beinen in der Luft.

Ich bin eine Spinne und habe mich in meinem Netz verheddert!

Endlich geht die Tür auf und eine Frau in Weiß stolpert über mich.

„Ihm fällt Warten sehr schwer“, erklärt meine Mama entschuldigend.

Die Dame rollt Papier auf die Liege. „Der Patient soll sich hinlegen.“

Ich blicke mich um. „Welcher Patient?“

„Sie meint DICH“, erklärt Mama und stellt mich auf die Beine.

Ich suche das Namensschild an der Frau: Arzthelferin Margot.

„Frau Margot, darf ich bitte das Innere von der Papierrolle haben?“, frage ich.

Die Dame antwortet nicht. Irritiert frage ich Mama: „Kann Margot nicht hören?“

„Hemd ausziehen“, sagt Margot und schmiert mir eiskaltes Gel auf die Brust. PEINLICH!

Dann klebt sie die Kabelnoppen auf mich. ANGST! Kann Elektrizität aus den Kabeln kommen und durch mich fließen?

„Es dauert bestimmt nicht lange.“ Mama legt ihre Hand auf meine.

„Oder?“, fragt sie an die Arzthelferin gewandt. „Es wäre nett, wenn Sie erklären, was Sie machen.“

„Kommt auf Ihren Sohn an, ob es lange dauert …“, erwidert Margot. „Finden Sie es in Ordnung, dass er seine Finger im Mund hat?“

Mama atmet tief ein und aus, bevor sie sagt: „Das braucht er, um sich zu beruhigen.“

Die Arzthelferin kritzelt etwas auf ein Papier neben dem EKG-Gerät. Danach sucht sie eine Steckdose. Sie tut alles SEHR LANGSAM. Mir ist kalt. Ich beiße mir auf die Finger.

„Seit wann nimmt er Medikamente?“, fragt Margot.

„Wir sagen nicht ‚Medikamente‘.“ Mamas Stimme klingt jetzt zickig.

„Weil ADHS keine Krankheit ist“, erkläre ich. „Ein bisschen ADHS hat nämlich jeder.“

Ich kann das allerdings kaum glauben, wenn ich Margot ansehe. Vielleicht ist sie eher SUPER PASSIV?

Jetzt lässt sie die Kabel an mir hängen und geht einfach aus dem Raum. Mama verspricht mir ein Eis, wenn ich trotzdem liegen bleibe.

Noch lieber hätte ich die Papprolle. Daraus könnte ich ein Fernrohr basteln, mit Spiegelfolie außen. Mirko würde ich ein kleineres machen, aus einer Küchenrolle.

Margot kommt zurück, zupft mir die Noppen ab und kratzt mit einem Papiertuch über meine Brust. Reflexartig haue ich auf ihre Hand.

„Ihr Sohn ist aggressiv“, sagt sie mit schneidender Stimme.

„Hier kann man auch nur aggressiv werden“, erwidert Mama und zieht mich von der Liege zur Tür. „Schönen Tag noch!“, sagt sie zu Margot. Im Laufen schlüpfe ich in mein Hemd. Es ist wirklich gut, dass ich so viel gleichzeitig erledigen kann.

Als wir an der Anmeldetheke vorbeikommen, zögert meine Mutter.

„Gibt es ein Problem?“, fragt die Dame dahinter.

„Ja“, sagt Mama, „mangelnde Freundlichkeit!“

Draußen wischt sie mir das Gel von der Brust und schlägt vor:166

„Vergessen wir das einfach und gehen Eis essen?
“

Plötzlich kommen mir die Tränen. „Ich bin traurig, weil ich die Rolle nicht haben durfte“, erkläre ich Mama. „Und weil der Opa im Wartezimmer als Kind immer alleine war.“

Im Eiscafé beruhige ich mich und überlege, wie ich ohne Papprolle ein Fernglas bauen könnte.

Später sagt unser Kinderarzt, dass mein Herz genau richtig schlägt und gut und gerne noch 100 Jahre weiter schlagen könnte, wenn ich mich nicht vorher in Gefahr bringe.

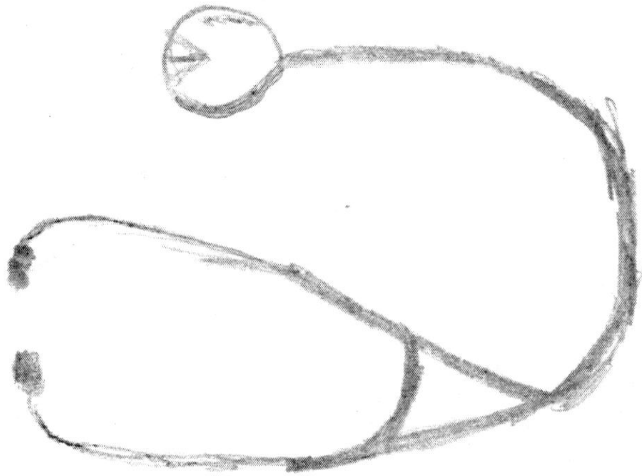

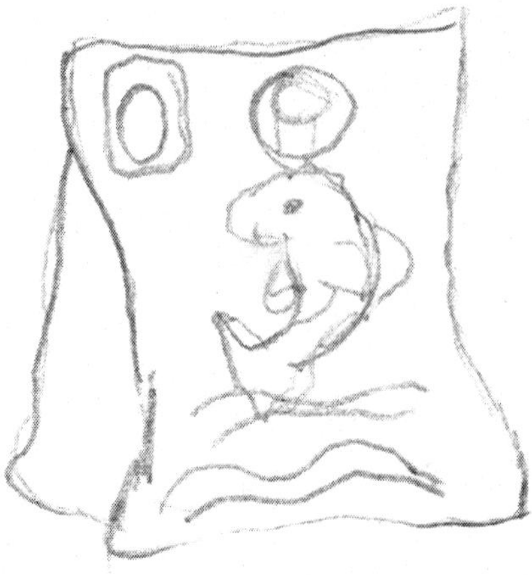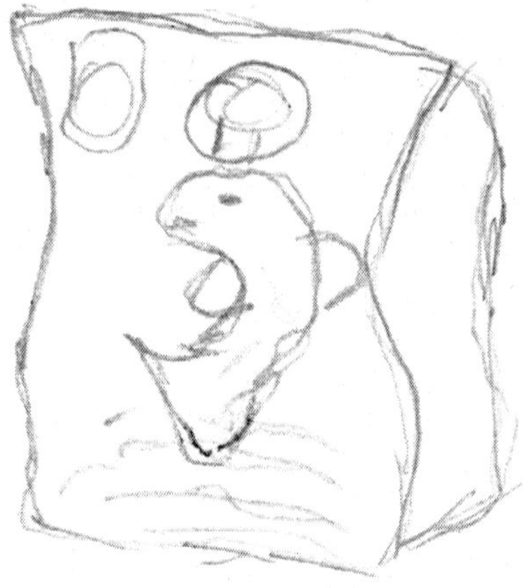

Wie mir ein Bademeister auf den Kopf springt

Billa und ich gehen ziemlich gern ins Schwimmbad. Und das tun wir auch an diesem Wochenende.

Papa möchte mit mir Schwimmbewegungen üben. Im Flachen ist das leicht, aber sobald er mir im TIEFEN die Schwimmflügel abnimmt, gehe ich unter, weil ich so ängstlich paddle. Gut, dass Billa auch noch nicht schwimmen kann …

Wir springen ungefähr hundertmal vom Rand ins Nichtschwimmerbecken, während Papa im Schwimmer seine Runden dreht.

Wir sind Delfine und prusten Wasser aus unseren Blaslöchern.

Schade, dass mein Bruder nicht dabei ist. Ich spritze ihn so gerne nass. Wenn ich das mit fremden Babys mache, kreischen die gleich los.

Ein Säugling auf dem Arm einer jungen Frau ist besonders süß. Ich MUSS einfach sein Speckbeinchen knuddeln.

„Der Junge spritzt die ganze Zeit Kinder nass und jetzt kneift er auch noch mein Baby!“, ruft seine Mutter aufgeregt.

Im nächsten Moment kommt ein Bademeister. Und mein Vater, um dem Bademeister zu sagen, dass ich zu ihm gehöre – oder umgekehrt.

„Ihr Sohn wechselt bitte in ein anderes Becken“, sagt der Bademeister.

„NEIN“, brülle ich, „die BABYS sollen woanders hin!“

Papa will mich aus dem Wasser ziehen, aber ich schlage nach seinem Arm. Billa pikst mich in den Rücken. „FLUMMI“, sagt sie, „hilf mir mal raus!“

Während Papa weiter auf den Bademeister einredet – oder umgekehrt – laufen Billa und ich zur Rutsche. Bei der steilen Wendeltreppe muss ich ihr ein bisschen helfen. Als wir von oben runter gucken, ist Papa verschwunden. Das macht uns aber nichts aus, weil wir uns hier auskennen. Und für alle Fälle haben wir die Handynummern unserer Mütter im Kopf.

Die Tunnelrutsche hat eine Grotte mit bunten Lichtern. Wenn ich mich im richtigen Moment nach rechts schwinge, kann ich dort auf die Seitenleiste springen. Der Wasserstrom rast dann unten vorbei.

Heute gelingt mir eine Leistung: Ich bekomme Billa zu fassen, die gleich hinter mir herrutscht, und ziehe sie neben mich. Wir hocken uns auf den Vorsprung.

„Super“, jubelt Billa. „Lass uns Geisterbahn spielen!“

Als das nächste Kind im Strom an uns vorbei geschleudert wird, rufen wir laut: „Buh!“ Die Höhle verstärkt unsere Stimmen wie ein Echo. Ich lache schallend. Das ist echt KRASS.

Mit einem Mal verstummt Billa. „Ich höre was …“

Ich horche durch das Wasserrauschen. „Ach, nur eine Lautsprecherdurchsage.“

„Wahrscheinlich ist mal wieder jemand verloren-gegangen“, vermutet Billa.

Dann buhen wir weiter Kinder an. Leider sehen wir nicht, ob sie das lustig finden, weil sie so schnell vorbeirasen.

„Zum Glück rutschen hier keine Babys“, rufe ich Billa zu.

Sie legt den Kopf schief. „Du bist doch nur BELEI-DIGT, weil wir immer ins Babybecken müssen. Dabei kannst du eigentlich schwimmen – TRAUST dich bloß nicht. Bei mir andersrum: Ich traue mich, aber wegen meiner schwachen Arme saufe ich ab.“ Sie seufzt.

„Und wenn ich es in Wahrheit doch nicht kann?“

„NATÜRLICH kannst du“, sagt Billa, „Komm mit ins Schwimmerbecken …“

Ohne Ankündigung springt sie in den Wasserstrom, dabei reißt sie mich an der Badehose mit. Erst ärgert mich das, aber als wir unten aus der Rutsche purzeln, ist es schon vergessen. Über die nassen Fliesen tapsen wir in Richtung Schwimmerbecken.

„Lass uns die Schwimmflügel ausziehen“, schlägt Billa vor. „Ich verstecke sie in der Damen-Umkleide.“

Gesagt, getan. Und dann los! Das Becken ist voller Sportschwimmer mit schicken Taucherbrillen, die auf und ab tauchen.

„Stell dich vor mich. Sonst denkt noch jemand, ich bin zu klein für den Schwimmer“, wispert Billa.

In meinem Schutz klettert sie ins Wasser und taucht gleich mit dem Kopf unter, dabei hält sie sich am Rand fest. Als sie wieder hochkommt, verkündet sie: „An der Seite ist eine Stufe, zum Draufstehen, aber ich reiche nicht hin."

Gerade will ich neben sie ins Wasser platschen, da sehe ich auf der gegenüberliegenden Seite: Der SPRUNGTURM ist offen!

Wenn ich vom Drei-Meter-Brett springe, MUSS ich mich trauen zu schwimmen. Schnell, bevor sie den Turm wieder schließen …

Ich bin so aufgeregt, dass ich ganz vergesse, Billa Bescheid zu sagen, sondern einfach losspurte.

Leider steht eine Menschenschlange vor dem Sprungturm und daneben ein Bademeister. Prüft der, ob man das Seepferdchen hat? Ich passe genau den Moment ab, als ein Kind runterspringt, bevor das nächste hoch darf, und flitze die Leiter empor. „Der drängelt sich vor!", höre ich hinter mir und stoße mich auch schon ab.

Im Sturzflug stößt der Adler durch die Wolken hinab ins Meer und wird zu einem Fisch.

PLATSCH. NASS. TOLL. Ich schieße durch das Wasser. Ohne Schwimmflügel kann man viel tiefer tauchen, weil die Luft einen nicht nach oben zieht!

Ich mache mein Hundepaddeln, um an die Oberfläche zu gelangen. Doch bevor ich auftauche, schießt ein schwarzer Schatten auf mich zu, kracht mir auf den Kopf und drückt mich hinunter. Ich kann nichts sehen vor Wassersprudelperlen und versuche, zur Seite zu entkommen.

Da merke ich plötzlich, dass ich SCHWIMME. Im selben Moment packt mich jemand und zieht mich aus dem Wasser. Ich schnappe nach Luft. Als ich das Wasser weggeblinzelt habe, erkenne ich den Bademeister. Und Billa, die neben mir im Becken … schwimmt!

„Du kannst SCHWIMMEN", rufe ich begeistert. „ICH AUCH!!!"

Doch der doofe Bademeister lässt mich nicht los. Darf der das überhaupt, sich fremde Kinder krallen, ohne dass die Eltern das erlaubt haben? Da durchzuckt es mich: „Wo ist eigentlich PAPA?!"

„Ich bin hier!", höre ich eine Stimme von überall. HÄH?

Billa deutet zum Lautsprecher an der Decke, während sie sich mit Zappeln über Wasser hält. „Wahrscheinlich im Bademeisterhäuschen."

Schon kommt er angelaufen. Ich stürme ihm entgegen. „Papa, hast du gesehen, dass ich schwimmen kann?"

Anstatt sich zu freuen, keift er: „Das ist mir gerade egal!"

Verdutzt starre ich ihn an. „Warum denn, Papa?"

Prompt zieht er mich an sich und umarmt mich ganz fest. Das verwirrt mich jetzt noch mehr.

Leider besteht er darauf, dass wir schon gehen müssen. Weil ich erschöpft bin vom Kampf mit dem Bademeister, tappe ich hinter ihm her zu den Duschen. Billa muss wieder allein zu den Damen.

Aus Papas Duschgel kann man SEIFENBLASEN machen. Man schüttet sich ganz viel Seife in die Hand, klebt beide Hände aneinander, auseinanderziehen, pusten …

Es schillert wie ein Regenbogen.

Während ich die Seifentube ausdrücke, steht Papa unter der Dusche und plappert auf mich ein. Mit einem Mal verlangt er: „Hör mit den blöden Seifenblasen auf und sieh mich an! Hast du verstanden, dass der Bademeister dich retten wollte?“

RETTEN? „Papa, ich kann doch schwimmen!“

Kaum habe ich das gesagt, schmettert mein Vater mir die Seifentube aus der Hand. „Hör mir endlich zu!“, brüllt er.

Erschreckt weine ich los. Dann zwinge ich mich, ihm in die Augen zu sehen, stocksteif wie eine Statue. Im Kopf zähle ich Raketenstart: Zehn, neun, acht, sieben ... UFF, anstrengend!

Papa endet mit den Worten: „Ich bin so froh, dass dir nichts passiert ist.“

„Kann ich jetzt die Seife wiederhaben?“, bitte ich und schlittere über den Fliesenboden. Papa lässt mich spielen, bis kein Duschgel mehr übrig ist.

Erst im Auto wird mir klar, warum er so außer sich war. Billa erklärt es mir im Flüsterton, damit Papa nicht merkt, dass ich ihm eben nicht zugehört habe. Mein Vater dachte, wir seien verlorengegangen. Er hat uns vom Bademeisterhäuschen aus per Lautsprecher ausrufen lassen. Sie haben alles nach uns abgesucht und meinten, dass wir nicht mehr im Schwimmbad seien – das war, als wir Geisterbahn spielten. Aber dann hat uns ein Bademeister im Schwimmerbecken entdeckt und weil ich keine Schwimmflügel anhatte, ist er mir nachgesprungen. Sie dachten, ich ertrinke.

KRASS! Ich wusste gar nicht, dass Papa so ÄNGSTLICH ist. Schnell schnalle ich mich ab und umarme ihn von hinten. Vor Schreck fährt er einen Schlenker und hält dann lieber an, damit ich ihn fest drücken kann.

Nachdem wir Billa vor ihrer Wohnung abgesetzt haben, geht es ab nach Hause. Dort legt Papa sich erschöpft auf das Sofa. Ich schiebe mein Trampolin neben ihn und hüpfe 200 Sprünge.

Als Mama mit Mirko nach Hause kommt, will ich ihr gleich erzählen, dass ich schwimmen kann. Doch Papa ist leider schneller. Er sagt zwar, Mama soll sich nicht aufregen, aber natürlich klappt das nicht, weil er den Besuch im Schwimmbad aus SEINER Sicht erzählt.

Sofort findet Mama, dass Billa und ich etwas falsch gemacht haben, nämlich keinen Sichtkontakt gehalten – als sei es meine Schuld, wenn Papa sich lieber mit dem Bademeister unterhält, als mich im Auge zu behalten.

Ich werde richtig verzweifelt. „Immer mache ich alles FALSCH“, schluchze ich und haue mir auf den Kopf. Meine Eltern hören auf zu meckern und trösten mich.

Als wir später Kakao trinken, verspricht Mama, dass ich mit acht mein Seepferdchen machen kann.

„Ich muss auch noch meine Schwimmflügel holen, um sie Mirko zu schenken“, fällt mir ein.

Wie ich eine rote Karte bekomme und sie verschenke

Morgens vergesse ich oft, meine Trinkflasche mit Wasser aufzufüllen, und erst im letzten Moment fällt es mir ein.

Weil ich meinen Ranzen schon auf dem Rücken habe, nehme ich die Flasche einfach in die Hand und stürme ins Treppenhaus. Da kommt mir der Gedanke, dass man sie auch gut zum Trainieren benutzen könnte. Sie ist nämlich ziemlich schwer, weil es eine Thermosflasche aus Metall ist und ein ganzer Liter rein passt.

Versuchsweise werfe ich sie hoch und fange sie wieder auf. „Mama, schau mal, wie stark ich bin!“, rufe ich.

Meine Mutter ist noch im zweiten Stock vor unserer Wohnungstür, ich höre sie die Tür abschließen und die Treppe hinunterkommen.

Wieder und wieder werfe ich meine Flasche in die Luft. Plötzlich donnert sie mir auf den Kopf. AUA!

Eigentlich müsste ich auf meinen Kopf richtig gut aufpassen, weil das Gehirn unersetzbar ist, während man schon fast alle anderen Organe im Notfall transplantieren kann.

Als Mama die Treppe herunterkommt, versteht sie erst gar nicht, warum ich mir den Kopf halte. Dann läuft sie wieder hoch, um ein Kühlpad zu holen. Die Nachbarin aus der ersten Etage fragt durch einen Türspalt: „Lauter geht's wohl nicht?“

Ich presse mir das Kühlpad auf die Beule und zähle bis 100.

Danach gehen wir endlich los zur Schule und alles ist wieder gut.

„In einem leeren Haselstrauch, da sitzen drei Spatzen, Bauch an Bauch …“

Frau Adam lobt mich, weil ich das Gedicht so gut betone.

„Der Erich rechts und links der Franz und mittendrin der freche Hans … Sie haben die Augen zu, ganz zu, und obendrüber, da schneit es, hu!“

Meine Lehrerin findet es nicht einmal SOO schlimm, dass ich – während Billa weiterliest – die Spatzen auf meinen Tisch zeichne (mit Bleistift). Frau Adam fotografiert die Zeichnung sogar, bevor ich sie wegradieren muss.

Danach haben wir Sachkunde. Frau Adam packt EDELSTEINE aus. Sie hat eine ganze Sammlung. Manche Menschen glauben, dass Edelsteine heilen können. Es gibt Schmucksteine und echte Edelsteine. Jeder sieht anders aus und fühlt sich anders an. Jeder funkelt in einer anderen Farbe. Der wertvollste von allen ist der Diamant.

Leider hat Frau Adam keinen Diamanten. Aber der grüne Jadestein gefällt mir auch.

Billa zeigt mir staunend den Amethyst: „Von außen sieht er aus wie ein normaler Stein, aber schau mal rein!“ Violette Kristalle, COOL.

Billa grinst. „Wie der Flaschenspruch von Frau Adam, kapierst du?“ Nee, aber egal.

Schade, dass es bald darauf zur Pause klingelt. Ich will ein paar Edelsteine einstecken, aber Frau Adam bewacht sie zu gut.

„Wir suchen uns draußen welche“, schlägt Billa vor und düst los. GUTE IDEE!

Zuerst suchen wir beim Geheimversteck, aber da ist die Erde zu hart. Außerdem kommen auf einmal Enno und Max durch die Hecke und bestaunen unseren neu ausgehobenen Tunnel.

Wir verscheuchen sie.

Das Hausmeisterhäuschen fällt uns ein. Dort haben wir mal einen Feuerstein gefunden. Leider ist der Garten eingezäunt und Rüberklettern geht nicht wegen der Pausenaufsicht. Wir hocken uns vor den Lattenzaun und buddeln drauf los.

Billa findet einen grauen Stein. „Grab mal hier weiter“, sagt sie.

Meine Fingernägel schmerzen schon, da finde ich endlich auch einen. Mit meinem Ärmel säubere ich ihn. Ist das …? ACH NEE, das ist ein stinknormaler Stein. Enttäuscht schleudere ich ihn weg. Im selben Moment klirrt es. „Was war das?“

„Fenster kaputt“, schätzt Billa.

AUWEIA. Da kommt schon die Pausenaufsicht.

„Maxim hat einen Stein weggeworfen“, sagt Billa und fügt hinzu: „Und das sollte man NIE tun, wenn man nicht aufpasst, wohin er fliegt.“

Ungläubig starre ich sie an. Sie ist doch meine FREUNDIN. Warum VERRÄT sie mich? Ich hole aus und schlage ihr ins Gesicht.

Entsetzt reißt Billa den Mund auf. Tränen laufen über ihre Wangen. Und was noch schlimmer ist: Aus ihrer Nase tropft BLUT. Wortlos läuft sie zu ihrem Auto. Ich folge ihr und rufe: „Billa, du blutest, du brauchst ein Kühlpad!“

Doch die Pausenaufsicht stellt sich mir in den Weg und wedelt mit einer ROTEN KARTE.

Schreiend werfe ich mich auf den Boden.

Frau Adam zieht mich hoch. Sie bringt uns in das Arztzimmer. Dort tupft sie Billa das Gesicht sauber und sieht mich scharf an. „Du hast Billa geboxt?“

Ich weiche ihrem Blick aus und schiele zu meiner Nasenspitze.

„Lachst du etwa darüber?“, fragt sie jetzt richtig böse.

Ich springe von der Liege. „Ich HASSE euch und diese bescheuerte Schule!“, brülle ich und stürme zur Tür. Eine Freundin habe ich hier ja eh nicht mehr.

Frau Adam zieht mich zurück und legt mir die Hand auf die Brust: „Immer mit der Ruhe, Maxim. Lass uns darüber sprechen."

„Können wir uns einfach wieder vertragen?", fragt Billa.

Ich setze mich neben sie auf die Liege. Plötzlich fühle ich mich schrecklich traurig. Ich habe BILLA geschlagen. „Ich habe nicht gemerkt, dass ich mit der FAUST haue", sage ich leise. Als Frau Adam mich mahnend ansieht, fällt es mir ein: Ich strecke meine Hand aus, sehe Billa in die Augen – ohne Lachen – und sage: „Entschuldigung."

Sie schlägt ein. „Nächstes Mal kommst du damit nicht durch. Dann haut MEINE Faust auf DEINE Nase."

Ich pruste los, weil ich mir das im Leben nicht vorstellen kann.

Frau Adam hält mir die rote Karte hin und sagt: „Die ist für die kaputte Scheibe."

Wütend reiße ich die Karte in Schnipsel.

„Heh, das bringt doch nichts“, sagt Frau Adam und zieht eine neue rote Karte aus ihrer Handtasche. Und eine Packung Taschentücher für meine Tränen. „Immer noch sauer?“, fragt sie.

„Ich finde DOOF, dass ich immer rote Karten kriege“, schluchze ich. „Max kriegt NIE rote Karten, wenn er was kaputt macht oder den Boden anmalt.“

„Das kommt dir ungerecht vor …“, sagt Frau Adam nachdenklich. „Aber Max versteht viele Regeln nicht. DU verstehst aber, warum man nicht mit Steinen werfen darf, oder?“

„Das ist gerade ungerecht“, rufe ich, „dass ich es VERSTEHE und es mir TROTZDEM passiert.“

„Rote Karten sind bei Maxim nur verschwendetes Papier. Weil er nicht nachdenkt, bevor er was macht“, sagt Billa. Meint sie das etwa nett?

„Du könntest Anwältin werden“, sagt Frau Adam zu ihr. „Ich schlage vor, dass wir jetzt die Schnipsel aufsammeln. Dann ist die Sache für mich erledigt.“

Leider hat Billa im Unterricht Kopfschmerzen. Ihre Mutter holt sie ab und wirft mir einen vorwurfsvollen Blick zu.

„Ich hatte heute Morgen auch Kopfschmerzen, weil mir eine Flasche auf den Kopf gefallen ist“, erzähle ich ihr.

Als Billa und ihre Mutter weg sind, spielen wir im Stuhlkreis Gefühle erraten: Einer verzieht das Gesicht und die anderen müssen raten. Enno spielt „wütend“, Miriam sieht „ängstlich“ aus und Linus „aufgeregt“. Luisa macht wie üblich „schüchtern“. Danach bin ICH an der Reihe. „Fröhlich!“, ruft Linus sofort. RICHTIG!

Ich spiele immer fröhlich. Denn wenn ich etwas verheimlichen will, muss ich immer lachen. Würde ich also bei „traurig“ loskichern, würden sowieso alle denken, dass ich „fröhlich“ meine. Also ist es praktischer, das gleich auszusuchen.

„Bist du in Wirklichkeit auch fröhlich?“, möchte Frau Adam wissen.

Ich nicke. „Eigentlich bin ich IMMER fröhlich. Außer wenn ich mal kurz traurig oder sauer bin."

„Das ist echt schön", findet Frau Adam und sieht dabei „zufrieden" aus.

Abends ruft Papa bei Billas Mama an und fragt, wie es Billa geht.

Billa möchte mit mir sprechen. „Ich verrate dir was", flüstert sie, „ich hatte gar keine Kopfschmerzen, sondern nur keine Lust auf das Gefühlsspiel." Dann fragt sie, was meine Eltern zu der roten Karte gesagt haben.

Die habe ich ganz vergessen! Schnell hole ich sie aus meinem Hausaufgabenheft. Beim Anblick der roten Pappe fällt mir mein Bastelbuch mit Anleitungen zum Falten ein.

Ein Quadrat ist ein Viereck, bei dem alle Seiten gleich lang sind. Ich schneide die Karte zurecht. Sorgfältig falte ich daraus eine rote Rose. Mirko schnappt mir die Schere weg, aber das stört mich nicht.

Anschließend schenke ich mein Kunstwerk Mama. Sie freut sich sehr und pinnt die Rose an unsere Notizwand. Sie freut sich nur nicht, dass Mirko meine Schere im Mund hat.

Im Bett decke ich mich mit der Gewichtsdecke zu. Die ist so schön schwer, dass ich ganz ruhig werde. Mama fragt mich: „Wie lief es heute bei dir?“

„Nicht so gut“, sage ich seufzend. „Ich hab eine Flasche auf den Kopf gekriegt, eine Fensterscheibe kaputtgemacht, Billa verletzt und eine rote Karte bekommen.“

„Schon wieder eine rote Karte?“, fragt Mama – alles andere wusste sie schon.

„Keine Sorge, ich hab sie nicht mehr“, sage ich.

Mama sieht verwirrt aus. Ob sie jetzt nachfragt? Nein. Stattdessen fragt sie: „Gab es auch was Gutes?“

„Ja!“, fällt mir ein. „Frau Adam hat gesagt, wir müssen die Fensterscheibe nicht bezahlen, weil die Schule eine Versicherung hat.“

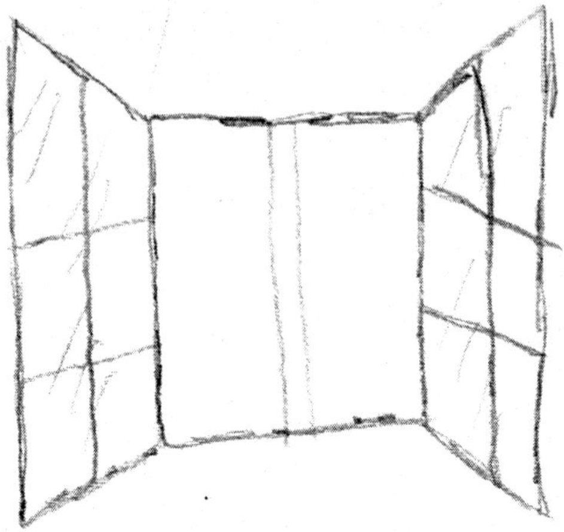

Wie ich vor einem Vertretungslehrer aus dem Fenster flüchte

Am nächsten Morgen schleicht sich Mama ganz früh ins Bad. Ich schleiche hinterher. „Du bist ja schon wach“, sagt sie überrascht, „und so schön LEISE.“

„Ich habe ANGST, wenn es leise ist“, jammere ich.

Mama trägt mich zum Sofa und macht warme Milch. Mit ihrer Kaffeetasse setzt sie sich neben mich. „Sag mal, was macht eigentlich deine Unterhose auf unserer Badezimmerlampe?“, erkundigt sie sich.

Upsi, ganz vergessen. „Als du gestern Mirko ins Bett gebracht hast, wollte ich mich schon ausziehen und meine Unterhose in den Wäscheeimer schleudern. Mein Arm hatte leider zu viel Schwung und so ist sie auf der Lampe gelandet. Ich wollte die Unterhose eigentlich mit meinem Stock runterhauen, aber …"

„Gut, dass du das nicht gemacht hast, davon könnte die Lampe kaputtgehen", sagt Mama.

„Bist du gar nicht sauer wegen der Unterhose? Ich hab ja auch noch viele andere im Schrank."

Mama grinst. „Ich finde eine Unterhose auf der Lampe jedenfalls besser als Pipi im Becher." Manchmal ist es doch leicht, Mama froh zu machen.

Nach dem Frühstück holt Papa die Unterhose herunter. Danach möchte er mit mir raufen!

Ich schlinge ihm meine Arme um den Bauch und die Beine um den Hals. Plötzlich erschrecke ich. „Papa! Was, wenn ich dich aus Versehen ERWÜRGE?"

„Das geht nicht“, sagt er beruhigend. „Eltern sind von der Natur so gemacht, dass sie stark genug sind für ihre Kinder.“ Er wirbelt mich herum und stellt mich auf die Beine.

Dann machen wir uns auf den Weg zur Schule.

Leider ist Frau Adam KRANK. Der Vertretungslehrer sagt uns seinen Namen und welche Klasse er unterrichtet, aber ich vergesse das gleich wieder. Luisa fängt an zu weinen. Linus hoppelt wie ein Kaninchen durch das Klassenzimmer und Max malt den Boden an, bis der Vertretungslehrer ihm die Stifte wegnimmt.

Gestern war Frau Adam noch gesund! Wie kann man so schnell krank werden? Hatte sie womöglich einen UNFALL?

„Hörst du mir eigentlich zu?“, fragt der Lehrer.

Ich schüttele den Kopf. „Ich denke eher an meine LIEBLINGSLEHRERIN.“

„Du bist wohl ein ganz Witziger?“, fragt er mich. Ist das ironisch gemeint?

„Luisa weint“, sage ich. „Und Max weint auch gleich, wenn er seine Federtasche nicht zurückkriegt. Frau Adam würde Max NIE seine Stifte wegnehmen.“

„Du bekommst also schon mit, was um dich herum passiert? Dann kannst du vielleicht auch dein Matheheft rausholen, wie alle anderen?“

„BLA-BLA-BLA“, sage ich und kneife die Augen zu.

„Das meint er nicht böse“, erklärt Billa dem Lehrer.

„Das heißt nur, dass er Mathe langweilig findet“, vermutet Jonas.

Ich schnarche laut, um das zu bestätigen. Hinter mir höre ich Linus kichern. Enno fragt, wann Max seine Stifte wiederbekommt, aber der Lehrer versteht ihn nicht.

„Du kannst gleich in der Ecke weiter schnarchen“, sagt der Lehrer zu mir. Jetzt greift er mich auch noch am Arm!

„Man fasst keine fremden Kinder an“, schreie ich erbost. Dann flitze ich an ihm vorbei zum Lehrertisch und werfe Max seine Federtasche zu – leider fängt er sie nicht.

„Man schmeißt nicht mit Gegenständen! Das hat Konsequenzen: Du nimmst eine Auszeit auf dem Flur“, schimpft der Lehrer. „Und DU gehst am besten gleich mit, damit hier etwas Ruhe einkehrt“, sagt er zu Luisa, die immer lauter schluchzt. „Ich hole euch später wieder rein.“

Luisa läuft jammernd zur Klassenzimmertür. Ich öffne lieber das Fenster und springe raus. (Keine Sorge: Erdgeschoss.) Hinter mir höre ich den Vertretungslehrer aufschreien.

Mit federnden Knien komme ich auf, flitze weiter zur Mauer und ab durch die Hecke ins Geheimversteck. Mein Herz pocht. Hoffentlich kommt der mich nicht holen!

Stattdessen krabbelt wenige Minuten später Billa durch die Hecke, dicht gefolgt von Luisa, die unser

Versteck jetzt also auch kennt. „Wir sollen dich zurückholen, Flummi!“

„Ich will nicht“, sage ich ängstlich.

Luisa wischt sich Tränen aus dem Gesicht.

„Warum weinst du eigentlich die ganze Zeit?“, frage ich sie.

„Weil der so meckerig ist“, schluchzt Luisa. „NIE meckert jemand mit mir.“ KRASS.

„Mit mir meckern alle, jeden Tag! Trotzdem heule ich nicht die ganze Zeit rum“, sage ich.

Luisa sieht mich erstaunt an. „Wie kannst du das aushalten?“

„Ich verschließe einfach die Ohren. Sei doch froh, dass er uns rausgeschmissen hat, sonst müssten wir jetzt Mathe machen.“ Tröstend lege ich ihr den Arm um die Schultern. Sie ist fast so klein wie Billa.

Luisa zieht Rotze hoch. „Eigentlich bist du echt LIEB“, sagt sie leise.

Billa zieht mich von Luisa weg: „Schnell raus ... Die anderen sind schon auf dem Hof.“

Wir preschen durch die Hecke zu ihnen.

Der Vertretungslehrer scheint sich zu freuen. Er meckert fast gar nicht mehr und lässt uns spielen, bis Julius später mit uns in die Sporthalle geht.

Zu unserer Erleichterung kommt am nächsten Tag Frau Adam wieder. Sie war überhaupt nicht krank, sondern ihr ist beim Essen eine PLOMBE aus dem Zahn gefallen.

Sie gibt Max seine Stifte wieder und ich muss ihr versprechen NIE WIEDER aus dem Fenster zu springen, Erdgeschoss hin oder her.

Wie an Billas Geburtstag ein Kind durch die Luft fliegt

Endlich hat Billa GEBURTSTAG!!!

Direkt vor Schulbeginn überreiche ich ihr mein Schildkrötenbild. Sie möchte es Schiggy an das Terrarium kleben, damit sie Gesellschaft hat.

In der Schule essen wir Apfelkuchen mit Streuseln und am Nachmittag feiern wir ein großes Fest, mit Luftballons und Girlanden. Billa hat Miriam und Matilda, Jonas und einige Nachbarskinder in den Innenhof eingeladen – und mich. Aber mir ist es zu wuselig.

Ich renne immerzu um die Tanne, während die anderen Eierlaufen, Rätselraten und Topfschlagen spielen. Zum Schluss gibt es eine Schnitzeljagd. Billa liest die Zettel vor und dirigiert die Zwillinge und Jonas in verschiedene Richtungen, wo sie neue Hinweise finden. Währenddessen suche ich den Hof ab und finde den Schatz hinter einem Rosenbusch. „Bitte nicht verraten!", wispert mir Billas Mama zu.

Gespannt warte ich, bis Billa und ihre Gäste auf die richtige Fährte kommen. Dann finden sie die Truhe, aber Billa möchte sie nicht rausholen wegen der Dornen. Also darf ICH sie holen. Darin ist für jedes Kind ein Tütchen, in meinem sind Süßigkeiten und eine TRÖTE. Ich trillere die ganze Zeit, auch als mein Papa kommt, um mich abzuholen.

Ich will noch nicht gehen! Erst will ich RICHTIG mit Billa spielen.

Sie verabschiedet gerade Matilda und Miriam. Ich zupfe sie am Ärmel, damit sie sich beeilt. Als das nicht hilft, trete ich ungeduldig gegen ihr Auto.

Mein Papa stellt sich schützend vor Billa und versucht mich wegzulocken: „Los, Maxim, wir gehen noch zum Klettergerüst und Eis essen."

„Nur wenn BILLA mitkommt!", jammere ich.

„Ich glaube, sie möchte danach lieber mit ihren Geschenken spielen", sagt Billas Mutter. „Ihr seht euch ja morgen in der Schule."

ICH WILL ABER NICHT OHNE BILLA!!!

Endlich dreht sich Billa zu mir und sagt: „Nerv nicht, sondern zisch ab! Ich komme nach."

Erleichtert hüpfe ich neben meinem Vater durch die Unterführung und stopfe mir so viele Süßigkeiten in den Mund, wie hineinpassen. „Verschluck dich nicht", sagt Papa.

Ich kann schon die große Kletterpyramide sehen. Toll, sie ist ganz leer!

In Windeseile klettere ich hoch zur Spitze, mampfe dort den Rest meiner Bonbons und lasse das leere Tütchen auf Papa runtersegeln. Er sieht ganz klein aus, wie er dort im Sand steht und zu mir hoch winkt. Ich singe ihm ein selbst erfundenes Lied vor und tröte dazu.

Ein Kind kommt angestiefelt und möchte auf das Klettergerüst. „Für Babys Zutritt verboten!“, brülle ich.

„Ich bin schon vier!“, beschwert sich das Mädchen und steigt auf das unterste Seil.

Aber ich wackle so, dass es sofort in den Sand plumpst. Wieder und wieder … LUSTIG! Ich lache laut.

„Hör auf damit!“ Papa wedelt mit den Armen. Er geht auf die Mutter der Kleinen zu. „Mein Sohn ist gerade ziemlich aufgeregt“, höre ich ihn sagen. „Ihre Tochter sollte besser etwas Abstand halten.“

Überrascht erwidert die fremde Mutter: „Ich glaube schon, dass das Klettergerüst groß genug ist für ZWEI Kinder.“

Das Kind hat es mittlerweile auf die Mittelebene geschafft, ich kann es nicht mehr abschütteln. Es klettert genau auf mich zu. Aber ich will ALLEINE hier oben sein! Ich ziehe meine Gummistiefel aus und werfe sie nach ihm.

„Komm SOFORT runter!“, schreit mein Papa. „Ich zähle bis Drei! Eins … zwei …“

Ich KANN NICHT. Sonst schnappt mir das Kind die Spitze weg!

„… drei!“, brüllt Papa.

Ich halte mir die Ohren zu. Dazu muss ich die Seile loslassen. Meine Beine zittern vor Anspannung, aber ich rutsche nicht ab.

Die fremde Mama redet auf Papa ein, der hilflos mit den Schultern zuckt. Bestimmt erzählt er ihr jetzt irgendwas über ADHS oder dass meine Tabletten abends nicht mehr wirken. Das geht die fremde Frau GAR NICHTS an!

Ich werde richtig sauer auf Papa, vor allem, weil er jetzt auch noch aufs Klettergerüst steigt und versucht, mich runterzuscheuchen. Dabei kann er längst nicht so gut klettern wie ich! Barfuß bin ich noch schneller als sonst.

Ich werde albern von meinen Gedanken und von Papas Fangenspielen. Kräftig wackle ich an den Seilen.

„Lassen Sie ihm das durchgehen?“, kreischt die fremde Mama.

„Wenn du nicht SOFORT runter kommst, gibt's kein Eis!“, schreit Papa mit rotem Gesicht.

KEIN EIS? Ich heule los. „Wegen dir darf ich kein Eis!“, brülle ich dem Kind zu und trete in seine Richtung.

„Ich hole gleich die Polizei, wenn er meine Tochter nicht in Ruhe lässt!“, droht seine Mama.

Da muss ich so weinen, dass alles um mich herum verschwommen aussieht. Nur das doofe Mädchen erkenne ich genau: Es klettert immer noch höher.

Papa hat offenbar einen Einfall. Er springt vom Gerüst und ruft: „Wenn du JETZT SOFORT runterkommst, kaufe ich dir ein EIS." Dazu macht er eine Schleckbewegung, die Gebärde für „Eis". Die Mutter des Mädchens schüttelt ungläubig den Kopf.

Auch ich kann es kaum fassen: Erst wollte Papa mir KEIN EIS holen, aber jetzt DOCH. Ich stoße das Mädchen zur Seite und rutsche, so schnell ich kann, an der Stange hinab.

Alle schreien. „Was hast du GETAN?", brüllt Papa wie von Sinnen und schleudert mich aus dem Sandkasten. Ich kann mich gerade noch abfangen, um nicht mit der Nase auf den Fahrradweg zu knallen.

„SO lernt Ihr Sohn bestimmt nicht, dass er keine Kinder vom Klettergerüst werfen darf", sagt ein Spaziergänger zu meinem Papa.

WAS IST LOS? Erschreckt sehe ich mich um. Das Kind liegt im Sand und schreit, daneben kniet seine Mutter und sieht elend aus.

Mein Papa tastet dem Mädchen den Kopf ab und bewegt seine Arme und Beine. „Nichts gebrochen“, sagt er erleichtert zu der Mutter. „Es tut mir leid … Wir gehen sofort. Ihre Tochter kann ungestört klettern.“

Die Frau drückt ihr Kind an sich und wirft mir einen Blick zu, als sei ich ein MONSTER. Ich strecke ihr die Zunge raus. Papa zieht mich weg vom Spielplatz.

„Krieg ich jetzt endlich mein EIS?“, jammere ich.

„Du bekommst GARANTIERT kein Eis“, brüllt Papa. Er atmet schwer.

Klar, dass das Mädchen gleich runterfällt, wenn man es nur anstupst, es war viel zu klein für das Klettergerüst! Und deswegen kein Eis? Ich stampfe auf. „Du hast es mir VERSPROCHEN!“

„Das Eis ist jetzt UNWICHTIG“, sagt Papa, „verstehst du das nicht?“

„Warum kaufst du es mir dann nicht?“, heule ich.

Papa lässt sich auf eine Parkbank fallen und schlägt seine Hände vors Gesicht.

Ich habe Papa noch nie WEINEN sehen. Besorgt setze ich mich neben ihn. „Wenn du willst, kannst du mir auch MORGEN ein Eis kaufen“, versuche ich ihn zu trösten.

Er antwortet nicht, sondern schreibt eine SMS an Mama.

Kurz darauf sehe ich sie schon, mit Mirko und BILLA. Ich renne zu ihnen. Mama drückt mir fünf Euro in die Hand und schickt uns zum Eisladen, damit sie in Ruhe mit Papa quatschen kann.

Wir holen uns vier Kugeln. Eine Kugel kostet 1,20 Euro, das macht 4,80 Euro für vier. Für die übrigen 20 Cent bekommen wir eine Gummischlange, die wir gerecht teilen.

Zurück bei der Parkbank, lasse ich Mirko vom Eis probieren. Er mag am liebsten Mango. Mama und

Papa hören nicht auf, über das Kind auf dem Klettergerüst zu plappern. LANGWEILIG!

Billa erzählt mir einen Witz: „Sagt der Richter: ‚Sie können wählen zwischen 10 Tagen Haft oder 100 Euro.' Antwortet der Einbrecher: ‚Dann nehme ich lieber das Geld'". HAHA!

„Gibt es eigentlich im Gefängnis Eis?", will ich wissen.

„Nur Wasser und Brot", weiß Billa.

Ich erschrecke. „Mama, wenn ich groß bin und ins Gefängnis komme …" Ich beiße mir in den Arm.

Mama nimmt meine Hände in ihre. „Du kommst bestimmt nicht ins Gefängnis", sagt sie. Als könnte SIE das entscheiden. Dabei darf nur ein RICHTER die Strafe verhängen. Eltern dürfen nicht einmal mit ins Gefängnis.

„Ich werde doch Anwältin", sagt Billa. „Dann hole ich dich raus, notfalls gegen Kaution." Ich atme auf.

Man merkt, dass Billa mit neun Jahren noch schlauer geworden ist.

Wie wir einen toten Vogel zum Leben erwecken

Nur noch zweimal schlafen, dann ist mein Geburtstag! Am Dienstag.

Heute ist Sonntag und wir machen einen Spaziergang mit Oma. Im Wald darf ich rennen, so schnell und wohin ich will. Ich springe über Äste und Moos und klettere auf die höchsten Bäume. Mit einem dicken Stock haue ich gegen ihre Stämme – das macht richtig Spaß: DONG, DONG, DONG!

Danach weiß ich nicht mehr, was ich machen soll. Jetzt bin ich froh, Billa dabei zu haben. Sie pflückt gerade Blätter für Schiggy und langweilt sich schon ein bisschen. Nun möchte sie Sachen suchen. GUTE IDEE!

Billa findet eine Blechdose und eine Brosche ohne Nadel. Ich erspähe ein 20-Cent-Stück im Moos. Ob ich noch mehr entdecke? Im Gras vor einem Baum sehe ich etwas: einen kleinen Vogel!

Er rührt sich nicht. Seine Augen blicken starr, wie die von den Fischen im Supermarkt.

„Billa, guck mal … ist der …?“ Ich schlucke.

Billa nimmt einen dünnen Zweig, stupst den Vogel an und bestätigt: „Der ist mausetot.“

Mir kommen die Tränen. „Armer Vogel!“

„Wir müssen ihn beerdigen“, beschließt Billa.

Mit ihrer Dose buddelt sie ein Loch und stupst den Vogel hinein. „Ruhe in Frieden“, seufzt sie. „Auf dass du im nächsten Leben ein Adler wirst!“ Ich schniefe.

Billa legt etwas Moos über den Vogel. Plötzlich hält sie ihr Ohr über das Loch. „Hör doch mal, Flummi!“

Da höre ich es auch: Ein leises PIEPSEN. Ich stoße einen Freudenschrei aus. „Er lebt! Mama, Oma! Fast hätten wir ihn verbuddelt …“

Oma nimmt das Vöglein vorsichtig in die Hand „Ein Amselküken, noch ganz nackt. Sicher ist er aus einem Nest gefallen …“

Oder ein Greifvogel hat ihn geschnappt und verloren, als er die Beute in seinen Horst bringen wollte.

„Ich will ihn MITNEHMEN und füttern“, sage ich. „Ich habe noch eine Tasche frei.“ In der anderen steckt das 20-Cent-Stück.

„Er braucht VÖGEL“, sagt Oma. Wütend stampfe ich auf.

„Lass uns das Nest suchen“, schlägt Billa vor.

Also stöbern wir durch die Umgebung und horchen nach Vogelstimmen. Mit Omas Fernglas finden wir ein Amselnest, aus dem ein Vogel flattert. Wir überlegen, wie wir das Küken hineinbekommen.

Mama hat eine Schaufel in Mirkos Buggy dabei. Wir schieben das Amselküken darauf. Es piepst schwach. Da wacht mein Bruder auf und piepst auch. Er will das Küken fangen! Ich stoße seinen Arm beiseite. Mirko kreischt los.

„Tu deinem Bruder nicht weh!“, sagt Oma und sieht mich traurig an.

Geschwind klettere ich auf den Baum. Mama reicht mir die Schaufel und ich kippe das Vogelbaby ins Nest. Ich sehe keine anderen Küken. „Was ist, wenn es das falsche ist?“, frage ich erschreckt.

„Amseln adoptieren fremde Küken ihrer Art“, weiß Oma. „Die erwachsenen Vögel werden es aufziehen, bis es fliegen kann.“

Wir beobachten das Nest noch eine Weile durch das Fernglas. „Wahrscheinlich traut sich die Amsel erst zurück, wenn wir weg sind“, vermutet Mama.

So müssen wir uns schließlich auf den Rückweg machen. Um mich aufzuheitern, erzählt mir Billa einen Vogelwitz: „Eine Taube fliegt über Fritzi und kackt ihm auf den Kopf. Sagt sein Vater: ‚Ärgere dich nicht, mein Sohn, freu dich lieber, dass Hunde nicht fliegen können.‘“ Ich muss lachen.

Dann nehmen Billa und ich uns an den Händen und drücken uns ganz fest die Daumen, damit die Amsel kommt und das Vöglein aufnimmt.

Wie ich Max rette und Bekanntschaft mit der Polizei mache

Nur noch ein Tag bis zu meinem Geburtstag!

Seit heute Morgen ist unsere Kammer verschlossen. Ich wusste gar nicht, dass es einen Schlüssel dazu gibt und gefunden habe ich ihn auch nicht, obwohl ich Mamas Schreibtisch durchsucht habe.

Zum Trost krame ich meine 20 Cent hervor und kaufe mir vor Schulbeginn am Kiosk neben der Schule eine Gummischlange. Mit Billas Taschenmesser zerschneide ich sie in kleine Stücke. Eigentlich dürfen wir nicht alleine zum Kiosk. Eigentlich darf

Billa auch kein Taschenmesser dabeihaben, aber sie versteckt es immer in ihrer Bauchtasche. Dort, wo sie auch ihr Handy versteckt.

Montag ist Spieletag. Während die anderen Kinder Brettspiele spielen, stopfe ich mir heimlich die Gummischlangenschnipsel in den Mund. Bei Mensch-ärgere-dich-nicht spiele ich nie mit, damit ich mich nicht ärgere. Lieber sitze ich neben Billa und gebe ihr Tipps. Dabei werde ich leider so aufgeregt, dass ich ihre Spielfiguren durcheinanderbringe.

„Finger weg, Flummi", schimpft sie.

Ich schiebe die Würfel zu Enno und tippe ihn an: „Du bist dran!"

„Hast du eben Enno gehauen?", fragt Frau Adam irritiert.

„Er vergisst immer zu würfeln", erkläre ich.

„Er würfelt nur LANGSAM", sagt Jonas.

Ich drehe mich zu Max und schiele, er quietscht ängstlich. Frau Adam holt mich an ihr Pult, mit dem Rücken zur Klasse und reicht mir buntes Papier, damit ich Max und Enno Papierflieger falte. Aber darauf kann ich mich nicht konzentrieren.

Normalerweise werde ich von dem Blick auf den Wandkalender ruhig, aber HEUTE nicht, denn dort hängt das Kalenderblatt MÄRZ – und das Schiebequadrat steht genau vor meinem Geburtstag. Vor Aufregung trommle ich mit den Fingern auf den Lehrertisch und mit den Schuhen auf das Parkett.

„Gleich darfst du raus in die Pause“, sagt meine Lehrerin.

In dem Moment wissen wir noch nicht, dass das keine normale Pause sein wird.

Billa steht beim Milchstand an, während ich mit Linus ein Wettrennen starte. Ungefähr hundertmal rasen wir hin und her, dann hocken wir auf unserem Kletterbaum und wackeln an den Ästen, bis es zum Pausenende klingelt.

„Ich bin hier oben!“, rufe ich Billa zu, die sich suchend umschaut. Als ich mich vom Baum hangle, schreit Linus auf. Hat er meinen Ast abbekommen? „Tschuldigung!“

„Hast nichts gemacht“, sagt Linus. „Aber schau mal, wo Enno ist!“

Ich klettere wieder hoch. Mit meinem Blick folge ich Linus’ Finger. Enno steht hinter der Hecke und macht wilde Gesten in unsere Richtung, als wolle er uns rufen. „Was hat er?“, wundere ich mich. „Lass uns mal hinzischen!“

Wir springen vom Baum. Billa folgt uns zur Hecke. Wir kriechen durch die Sträucher, direkt zu unserem Geheimversteck, das man echt kaum noch „geheim“ nennen kann.

Wir verstehen nicht, was los ist, bis Enno seinen Fuß in unseren Tunnel streckt und mit der Hand „MAX“ buchstabiert. Ist Max etwa da durchgeschlüpft?

„Mach mir Räuberleiter am Zaun“, bitte ich Linus, weil ich nicht wieder steckenbleiben will.

Der Zaun wackelt ziemlich. Ich strecke mich hoch, bis ich über die Hecke zur Rückseite der Berufsschule blicken kann. „Ich SEHE ihn … unter einer Tischtennisplatte“, zische ich den anderen zu.

Dort kauert Max mit hochgezogen Knien und wiegt sich vor und zurück. Neben der Platte stehen Jugendliche. Als einer von ihnen eine Bewegung mit dem Fuß macht, zieht Max den Kopf zwischen die Knie. „Die verprügeln ihn“, rufe ich entsetzt.

Linus schreit: „Ich hole Frau Adam!“, und rast weg.

Billa sieht zu mir hoch. „Wir müssen …“, murmelt sie ernst.

„Wir müssen ihn BEFREIEN“, rufe ich und lasse mich im selben Moment vom Zaun fallen, auf die andere Seite.

„Halt!“, schreit Billa von drüben und ich sehe sie in ihrer Bauchtasche kramen. „Nimm zur Sicherheit mein Taschenmesser mit.“ Sie schiebt es durch die Maschen.

„Spinnst du?", frage ich entgeistert. Doch als sie nicht locker lässt, nehme ich es. Dann renne ich geduckt durch die Büsche in Max' Richtung.

Nach einigen Metern höre ich die Jugendlichen lachen. Einer ruft: „Der Blödi ist wohl ausgebüxt und niemand vermisst ihn." GEMEIN!

Mithilfe von Billas Taschenmesser breche ich zwei Äste von der Hecke ab und befreie sie von Blättern. Doch gut, dass ich es dabei habe. Die Klinge ist echt scharf für ein Kindermesser. Ich klappe es wieder ein und stecke es zurück in meine Hosentasche.

Durch die Hecke sehe ich, wie ein Junge Max ins Gesicht schlägt. Max wimmert leise. Warum SCHREIT er nicht? ICH schreie jedenfalls, während ich mit erhobenen Stöcken aus dem Gebüsch springe.

Die Jugendlichen starren mich an. Es sind fünf. Ich werfe einen Stock auf den größten. Er versucht mir den Weg abzuschneiden, aber ich stoße ihn zur Seite und renne zu Max. Als ich ihn gerade erreicht habe, erwischt mich ein anderer Jugendlicher und zieht mich zurück. Ich reiße mich los und pikse ihm meinen zweiten Stock in den Bauch, dann rase ich um die Tischtennisplatte. Mal links, mal rechts herum.

„Max, ab durch die Hecke!“, rufe ich. Aber er wiegt sich nur weiter vor und zurück.

„Bist du auch aus der BEHINDERTENSCHULE?“, fragt mich ein großes Mädchen und sagt achselzuckend: „Wir haben den Bekloppten nur gefunden.“

„Selber BEKLOPPT“, brülle ich. „Selber, selber, lachen alle Kälber!“

Der Große erwischt mich und quetscht mir den Arm – ungefähr so muss sich Papa im Griff des Gorillas gefühlt haben. „Heh, Baby, was willst du?“, fragt er. Dann stößt er mich so kräftig weg, dass ich auf den Rücken fliege. AU!!!

Etwas klimpert neben mir auf den Boden. Das Taschenmesser! Der Jugendliche bückt sich und schnalzt erstaunt mit der Zunge. „Hat das Baby etwa eine Waffe dabei?"

Ich stürze mich auf seine Hand, die das Taschenmesser umschließt, und beiße zu. Er schreit auf. „Der ist auch plemplem", brüllt er den anderen zu, „Ich glaube, er hat Tollwut!"

Mit der freien Hand schlägt er mir kräftig in den Nacken, aber ich beiße nur noch fester.

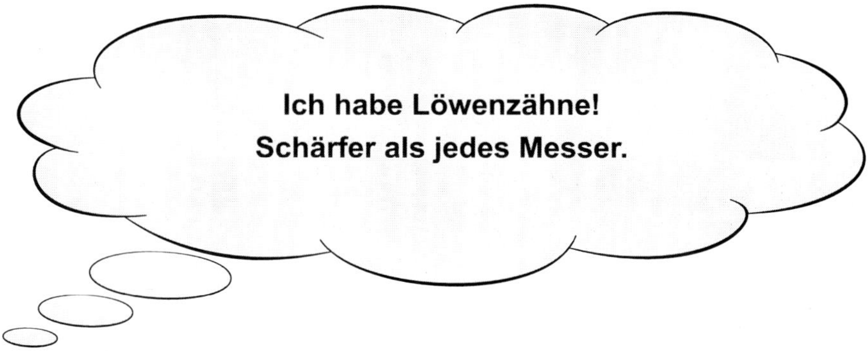

Erst als der Jugendliche das Taschenmesser loslässt, öffne ich meinen Kiefer. Noch einmal tritt er in meine Richtung, dann kümmert er sich lieber um seine blutende Hand. Ich hebe das Messer auf und stecke es ein.

Die Jugendlichen sind zurückgewichen und sehen erschreckt aus. Geduckt renne ich rückwärts. Ich kann echt rückwärts rennen, das können nicht viele.

„Lasst uns in Ruhe!", brülle ich, während ich Max unter der Tischtennisplatte hervorziehe.

Aus den Augenwinkeln sehe ich eine Erwachsene auf uns zurennen. Schnell stoße ich Max in die Hecke: „Beeilung! Nicht dass wir Ärger mit der Pausenaufsicht bekommen …"

Brummend setzt er sich in Bewegung. Alle paar Schritte muss ich ihn anschieben, damit er weiterläuft. Am Zaun sehe ich schon Frau Adam auf der anderen Seite, wie sie aufgeregt in Billas Handy spricht.

„Ich habe ihn befreit", rufe ich ihr zu.

„Super, Kumpel!", ruft Linus von drüben.

Frau Adam versucht mit ihrem Arm durch die Zaunmaschen zu gelangen, um Max zu beruhigen. Aber ich drücke ihn direkt in das Erdloch, weil er ja offenbar durchpasst – und bevor ich es mir anders überlegen kann, schlüpfe ich hinterher und schaffe es auch!

Als erstes gebe ich Billa unauffällig ihr Messer zurück. Nicht dass es noch jemand bei mir findet …

Meine Lehrerin nimmt Max auf den Arm und wir drei folgen: Linus, Billa und ich. Auf dem Gang vor unserem Klassenraum werden meine Beine plötzlich wackelig.

„Maxim braucht einen Rollstuhl!“, schreit Billa.

Frau Adam schickt Billa ins Klassenzimmer und bittet Julius, auf die anderen Schüler aufzupassen. Max und mich bringt sie gegenüber ins Arztzimmer. Sie zieht uns neben sich auf die Liege und murmelt etwas von Polizei. Sie wirkt ziemlich aufgelöst.

„Ich will nicht ins GEFÄNGNIS“, schluchze ich. „Ich hab den nur gebissen, weil er Max VERPRÜGELT hat.“

„Du hast alles RICHTIG gemacht“, versichert Frau Adam. „Die Polizei kommt, damit du ihnen erzählst, was die großen Schüler gemacht haben. Weil Max das nicht kann. Die kommen aber auch nicht ins Gefängnis. Sie kriegen eine Ermahnung, damit sie nie wieder Menschen quälen."

Als Frau Adam aufsteht, um zu telefonieren, lege ich Max meinen Arm um. „Echt gut, dass du nicht mehr bei den Bösen bist", flüstere ich ihm ins Ohr.

Kurz hört er auf zu brummen.

Bald darauf erscheint eine Polizeibeamtin in UNIFORM. Sie schenkt mir ein Trinkpäckchen mit Apfelsaft und notiert sich alles, was ich sage. Ich bin ihr wichtigster Zeuge.

Zeugen sind Menschen, die Verbrechen beobachtet haben. Die Polizei befragt sie, weil sie meistens ehrlicher sind als die Täter.

Ich berichte ganz genau. Sogar, dass ich einen Jugendlichen gebissen habe – und auch, wie mir beim Sturz das Taschenmesser aus der Hose gefallen ist.

Überrascht zieht die Polizistin die Augenbrauen hoch. „Wo ist das Messer jetzt?“, fragt sie besorgt. Nun bin ich in der Zwickmühle. Billa hat mal gesagt, dass Zeugen unbedingt ehrlich sein müssen. Aber ich will meine Freundin auf keinen Fall verraten.

Glücklicherweise springt Frau Adam für mich ein. Sie verspricht der Polizistin, das Taschenmesser sofort an sich zu nehmen.

Nach der Befragung sagt die Beamtin, dass ich wirklich ein guter Zeuge bin.

„Und du bist eine gute Polizei“, erwidere ich. Dann erzähle ich ihr, dass morgen mein Geburtstag ist und sie schenkt mir noch einen zweiten Apfelsaft, weil sie sonst nichts zum Verschenken dabei hat.

Danach muss ich Max’ Eltern noch mal alles erzählen. Sie möchten Max zu einem Arzt bringen. Max brummt wieder vor sich hin. Unauffällig stecke ich ihm seine Federtasche in den Anorak, damit er im Wartezimmer den Boden anmalen kann.

Den restlichen Schultag über sind alle lieb zu mir. Julius und Frau Adam meckern nicht mal, wenn ich durch die Klasse laufe. Und die Kinder schenken mir allerlei aus ihren Bastelmappen. Obwohl ich doch erst MORGEN Geburtstag habe!

Billa schenkt mir einen Kaugummi aus ihrem geheimen Süßigkeitenlager (im Bastelschrank). Sie ist nicht sauer, dass ich der Polizei vom Taschenmesser erzählt habe. Dafür ist aber Frau Adam deswegen sauer auf Billa.

Eigentlich hätten wir heute im Deutschunterricht ein Diktat geschrieben, aber stattdessen sprechen wir über Mut. Julius liest eine Geschichte über einen Löwen und eine Maus vor: Ein Löwe tritt in eine Falle und wird in einem Netz gefangen. Eine Maus hört seine Hilfeschreie. Erst hat sie Angst vor ihm, aber dann knabbert sie das Netz durch. So befreit sie ihn und sie werden Freunde.

Alle finden die Maus toll. Aber ich wäre trotzdem lieber der Löwe.

Wie ich acht Jahre alt werde

In der Nacht vor meinem Geburtstag träume ich von einer genialen ERFINDUNG: einer Gabel, deren Vorderteil automatisch Spaghetti aufwickeln kann.

Als ich erwache – der Wecker zeigt 23:17 Uhr – knipse ich das Licht an und stürme in die Küche zur Besteckschublade, eine Gabel holen. Ich lege sie auf ein Papier aus Mamas Drucker und male sie ab. Mit runden Pfeilen markiere ich die Drehbewegungen. Leider gelingen mir die Spaghetti nicht gut, weil ich keinen nudelfarbenen Stift habe. Anschließend klebe ich die Zeichnung in mein Erfindungsbuch.

Später möchte ich Erfinder werden und die Bilder aus meinem Buch in echt nachbauen. Meine liebste Erfindung ist ein Flugrucksack mit Solarantrieb. Meine zweitbeste sind die Klebeschuhe, mit denen man an der Wand laufen kann.

Um das alles wirklich zu bauen, muss man erstmal richtig rechnen lernen, sagt Mama.

Jetzt kommt sie angeschlichen und wuschelt mir durch das Haar. „Aufregend, wenn man Geburtstag hat, oder?“ Mama hat eigentlich auch gleich Geburtstag. Schließlich hat sie mich vor acht Jahren GEBOREN.

Wir versuchen trotzdem noch etwas zu schlafen.

Am Geburtstagsmorgen wache ich als Erster auf und begebe mich direkt auf Geschenkejagd. Heute kann ich sogar schleichen - ich bin ja auch schon ACHT!!

Auf dem Küchentisch entdecke ich einen Kuchen in Form einer Feuerwehr, mit rotem Zuckerguss und einem Wasserschlauch aus Lakritze. Leider brennen die Kerzen noch nicht. Wo hat Mama das Feuerzeug versteckt? Wahrscheinlich oben neben dem Medizinschrank.

Als ich gerade auf das Küchenregal klettern will, um nach dem Feuerzeug zu suchen, fällt mein Blick auf einen grünen BOXSACK, der mitten im Wohnzimmer baumelt und von einer goldenen Girlande umwickelt ist. WOW!

Sofort düse ich hin und betrachte ihn aus der Nähe. Unter dem Sack liegt ein Päckchen in Clownsgeschenkpapier, es fühlt sich an wie BOXHANDSCHUHE. Um meinen Eltern den Spaß nicht zu verderben, öffne ich es noch nicht.

Mit bloßen Händen haue ich ungefähr tausendmal gegen den Boxsack – auch noch, als Mama und Papa, die um 5:32 Uhr endlich aufgestanden sind, ein Geburtstagslied für mich anstimmen und meinen Kuchen futtern. Neben mir boxt Mirko in die Luft, weil er noch nicht an den Boxsack heranreicht.

Irgendwann wird mir das langweilig und ich springe auf den Boxsack und schwinge mich durch die Luft. Papa hat Sorge, dass der Deckenhaken das nicht aushält und möchte mir lieber die übrigen Geschenke zeigen.

Die Buntstifte kenne ich ja schon, was man an der offenen Ecke sieht, aus der ich mir neulich einen Stift gemopst habe. Das ausziehbare Lineal werfe ich in meine Schultasche, um es Billa zu zeigen. Am spannendsten sind die neongrünen Handschuhe. Ich haue mit ihnen gegen den Boxsack und meinem Papa auf den Po und einmal auf Mirkos Kopf, aber zum Glück nicht allzu doll, denn er weint nicht.

In letzter Minute, bevor wir aufbrechen müssen, fällt mir ein, dass ich noch die Dino-Muffins für meine Mitschüler mitnehmen muss.

Alle finden die Muffins sehr lecker, außer Max: Er knabbert die Zuckerdinos ab und lässt das Unterteil stehen. Aber das stört niemanden. Wir sind bloß froh, dass er wieder gut gelaunt ist.

Von meiner Lehrerin bekomme ich ein wunderschönes Kästchen aus Holz mit einem ECHTEN Edelstein: ein ovaler Rosenquarz. Ich teste, ob er zu den harten oder weichen Edelsteinen gehört, indem ich den Ritztest mache. In den Tisch ritzt er gut, in die Fensterscheibe nicht.

Leider nimmt mir Frau Adam den Stein gleich wieder weg. „Besser schaust du ihn dir später zu Hause an. Aber du musst aufpassen, dass du NIE mit ihm wirfst“, mahnt sie.

„Weiß ich doch“, versichere ich, „er könnte sonst zerbrechen!“

„Oder eine Scheibe könnte zerbrechen“, erinnert mich Frau Adam.

Linus matscht die Reste seines Muffins zu einem Teigklops und versucht damit auf den Tisch zu ritzen. Natürlich klappt das nicht, weil der Muffinklops sofort zerbröckelt. Wir lecken die Teigkrümel vom Tisch, bis Julius uns einen Lappen bringt.

„Gehst du wieder mit mir Eis kaufen?“, frage ich ihn. „BITTE!“ Beim Gedanken an den Einkaufsladen zappeln meine Füße schon los.

Doch Julius sagt: „Bitte nicht! Deine Muffins reichen völlig.“ Dabei sieht er verstohlen zu unserer Lehrerin.

Vor Enttäuschung muss ich weinen. Frau Adam zieht ihren Stuhl neben mich. „Hey, was ist denn los?“

Billa stupst mich an und fragt: „Hast du eine Altersdepression?“

„NIEMAND mag mich“, schluchze ich, „nicht mal an meinem Geburtstag …“

Daraufhin passiert etwas WUNDERBARES: Alle sagen, dass sie mich sehr wohl mögen. Linus umarmt mich stürmisch von hinten. Luisa schenkt mir ein Armband aus ihrer Kunstkiste. Sogar Matilda und Miriam sagen, dass sie mich OKAY finden. Nur Billa verdreht die Augen und murmelt, dass Älterwerden zum Leben dazugehört und sie an ihrem Geburtstag nicht so ein Theater gemacht hat.

Wenn ich gewusst hätte, dass ich SO VIELE Freunde habe, hätte ich meine ganze Klasse zur Geburtstagsfeier eingeladen!

Stattdessen haben meine Eltern nur ein kleines Fest im Park vorbereitet, mit Billa und Linus. Kleine Feiern haben klare Vorteile: Man kann besser spielen und muss weniger abgeben. Meine Eltern finden kleine Feiern auch schöner, weil ich dann nicht so aufgeregt bin, dass ich alles um mich herum vergesse.

Linus durfte fast nicht kommen, aber dann doch, weil meine Mama seine Eltern überredet hat. Ich darf bloß nicht mit ihm über ADHS sprechen. Keine Ahnung, warum, aber egal ... Hauptsache er ist jetzt dabei und rennt mit mir um die Wette. Er schenkt mir einen orangenen FLUMMI mit Glubschaugen.

Billa überreicht mir schmunzelnd einen großen Weinkarton. Dabei mag ich überhaupt keinen Alkohol. Papa hat mich einmal von seinem Bier probieren lassen, das war richtig BÄH.

Wie sich herausstellt, ist das ohnehin nur ein Trick. In dem Weinkarton ist haufenweise zerknülltes Papier und ganz unten eine blaue Glasflasche mit aufgeklebten Zacken und rotem Krepppapier vorn.

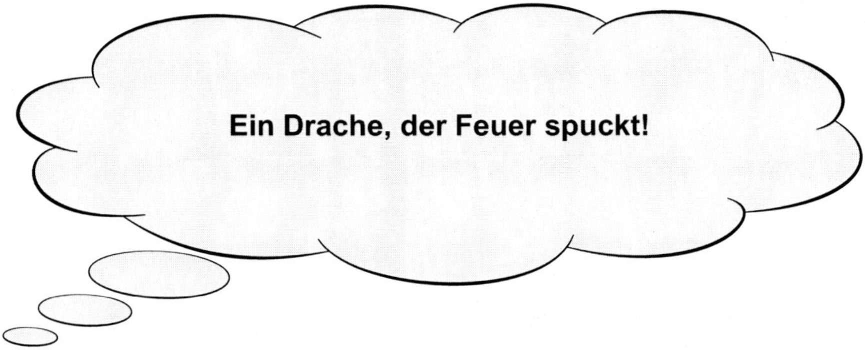

„Siehst du, gezackte Flaschen gibt es DOCH", sagt Billa grinsend.

Ich strahle. „Das ist echt mein ALLERLIEBSTES Geburtstagsgeschenk!"

Papa versteht das mit der Flasche nicht, weil er nicht in Lebenskunde dabei war. Ich versuche ihm die Sache mit dem Inhalt und Außen zu erklären. Dabei fällt ihm siedendheiß ein, dass er die HIMBEERLIMO in unserer Speisekammer vergessen hat.

„Wir suchen in der Zwischenzeit den SCHATZ", beschließt Mama.

Bei der Schatzsuche gibt es nur EINEN Zettel zu lesen. Auf dem steht, dass wir losrasen und alle Bäume absuchen sollen.

Linus entdeckt die Piratentruhe in einer Baumkrone und wirft sie mir zu. Mit einem goldenen Schlüssel, der an einem Ast hängt, schließe ich sie auf und finde: Schokomünzen, Gummitiere, Lakritzschnecken und kleine Fallschirme, die wir gleich vom Hügel fliegen lassen. Linus versucht schneller zu sein als die Schirmchen und ich versuche schneller zu sein als er.

Als ich schlapp bin, setze ich mich neben Billa ins Gras. Sie freut sich, weil sie Fallschirme-Fangen total doof findet. „Kennst du DEN schon?“, fragt sie, „Conni will aus dem Flugzeug springen. Sagt der Lehrer: ‚Stopp, du hast keinen Schirm‘, sagt Conni: ‚Warum? Regnet’s etwa?‘“

„Ist sie dann gesprungen?“, frage ich erschrocken.

„Du Dummi-Flummi“, sagt Billa lachend, „es ist nur ein WITZ.“

Weil sie an meinem Geburtstag „Dummi-Flummi“ zu mir gesagt hat, gibt sie mir drei Lakritzschnecken aus ihrem Vorrat. Ich ribble sie auf und schnurre sie in den Mund.

Linus hampelt mit Mirko herum. Das ärgert mich, weil Mirko MEIN Bruder ist. Aber dann erinnere ich mich, dass Linus keine Geschwister hat.

Einzelkinder haben es schwer. Sie haben keinen zum Spielen, wenn sie sich mal mit ihren Eltern streiten. Und später, wenn sie groß sind und die Eltern vielleicht … krank sind, haben sie niemanden, zu dem sie gehören. Mir wird ganz traurig zumute. Klar, dass Linus gern mit anderer Leute Brüdern spielt.

Nur als er Mirko an den Armen hochzieht, muss ich eine Lakritzschnecke nach meinem Kumpel werfen. „Babys herumwirbeln ist GEFÄHRLICH!“, brülle ich.

Mama macht eine Geste, dass alles gut ist. Papa wirft mir eine Kusshand zu. Billa verdreht die Augen, weil sie meine Eltern verrückt findet. Obwohl ICH finde, dass es die besten Eltern der Welt sind.

„Komm, lass die Babys in Ruhe und wir beide spielen Verstecken“, schlägt Billa vor.

Ich zähle extra bis 100, damit sie genug Zeit hat, ein gutes Versteck zu finden. Und das gelingt ihr, denn ich kann sie gar nicht finden. Hinter jedem Busch und in jeder Kuhle schaue ich nach. Erst als sie „Piep“ sagt, entdecke ich sie. Auf einem BAUM. Da habe ich natürlich nicht gesucht, weil Billa sich NIE auf Bäumen versteckt.

„Das ist gemein“, sage ich beleidigt.

„Es ist nicht gemein, sondern gerecht, dass ich endlich einen kleinwüchsigen Baum gefunden habe", entgegnet Billa. Tatsächlich ist der Baum SEHR klein.

„Kennst du DEN schon?", fragt Billa. „Wer sitzt auf einem Baum und ruft ‚Aha'? Ein Uhu mit Sprachfehler!" Ich muss lachen.

„Ich hör nur einen Specht", sage ich dann.

Billa horcht und nickt anerkennend.

„Eigentlich höre ich ALLES", verrate ich ihr. „Bloß dass ich dabei oft irgendwas ÜBERHÖRE. Ich glaub, meine Ohren sind genauso schnell wie meine Beine, die springen ja auch überall rüber …"

Billa kichert. „Kannst du auf den Baum springen und mich runterholen?"

Natürlich hole ich sie – VORSICHTIG, damit wir nicht in den Brennnesseln landen. „Danke", sagt sie und legt den Kopf schief. „Mit mir passt du immer gut auf. Weil wir BESTE FREUNDE sind."

Erstaunt schaue ich sie an. Doch dann fällt mir der Nasenschlag ein und ich schüttele bekümmert den Kopf. „Weißt du was?“, gestehe ich. „Bis ich neun bin, will ich mir unbedingt das Wehtun abgewöhnen.“

„Du hast ja jetzt einen Boxsack“, sagt Billa aufmunternd.

Ich seufze. „Der macht nur PUFF und raufklettern darf man auch nicht. Wenn ich Menschen boxe, regen die sich auf und versuchen mich zu fangen. Das macht mich LUSTIG.“

„Ah“, macht Billa verwirrt. „Du magst es, wenn die Leute sauer auf dich sind?“

„Nein“, beteuere ich, „Nur, wenn sie so aufgedreht werden … wie ICH.“

Billa denkt angestrengt nach. Als hätte sie einen komplizierten Fall zu lösen. Schließlich sagt sie: „Vielleicht kannst du lernen, die Leute aufzuregen ohne was Blödes zu machen. Wenn du irgendwas GUTES tust, was sie überrascht …“

Mir kommt ein unerhörter Gedanke. Ich spitze meine Lippen, beuge mich vor und küsse Billa genau auf die Nasenspitze. „Meinst du SO?“, frage ich.

Meine Freundin reißt die Augen auf, dann prustet sie los. Sie lässt sich ins Gras fallen und lacht. Es ist SCHÖN. Ich werfe mich neben sie und lache mit. Wir lachen und lachen.

Wie bei Peppa Wutz, wenn am Ende alle in der Matschepfütze gackern …

Lachend kugeln wir über die Wiese, den Hügel hinunter, wir rollen durch Gras und Blumen, Dornen und Matsch.

In diesem Moment weiß ich, dass Billa mich auch toll findet. Und das ist sogar noch besser als die gezackte Flasche.

ENDE

Über die Autorin

Lea Ibell lebt in Berlin. Ihren abwechslungsreichen Alltag verdankt sie unter anderem ihrem ältesten Sohn mit ADHS. Im normalen Leben führt sie einen anderen Namen.

Nähere Infos sind auf ihrer Internetseite zu finden:
www.leaibell.de

Ihr Aufsatz über die Bedürfnisorientierte Begleitung hyperaktiver Kleinkinder ist auf den Seiten von ADHS-Deutschland frei abrufbar:

https://www.adhs-deutschland.de/pdf/2_7_familie/neue_AKZENTE_Nr.114-3_2019_Lea-Ibell_Beduerfnisorientierte-Begleitung-hyperaktiver-Kinder.pdf

Ein Gespräch, das sie kürzlich mit zwei anderen Müttern zum Thema „Mit Kindern über Neurodiversität sprechen" führte, ist hier zu finden:

https://www.adhs-deutschland.de/sites/default/files/pdf-upload/2024-02/Zappelhilipp-Powerkid-Flummi_neue-AKZENTE_126.pdf

Nachträge

An das Kind mit den zerrissenen Hosen

Lass Dich mal anschau'n

Kannst Dich ruhig her trau'n

Mir scheint, Du hattest heut einen wunderbaren Tag …

Die Hose ist zerrissen – und an Deinen Füßen

Fehlt der linke Schuh – ja das schaffst nur Du!

Gab es heut ein Abenteuer für Dich zu bestehen?

Jagtest Du ein Ungeheuer – lass mich mal sehn ….

Beide Knie sind arg geschunden,

Zeig mal, hast Du sonst noch Wunden?

Nirgends ist mehr Blut …

Na dann ist's ja gut!

Wieder wird mir deutlich klar,

Wie herrlich doch das Leben ist

Mit einem Kind so wunderbar, wie Du es bist …

Bitte bleib noch lange so

Erfrischend und von Herzen froh.

Erwachsen wird man leider

Sowieso …

(Gabriele Tibbe)

Unaufgeregter Umgang mit Konflikten

aus: Bo Hejlskov Elvén – Herausforderndes Verhalten vermeiden

Reagiere ruhig!

Wenn du dich aufregst, kannst du dem Schüler nicht helfen!

Atme bewusst tief ein und aus!

Vermeide Blickkontakt!

Blickkontakt ist psychischer Stress. Schau woanders hin. Fordere den Schüler niemals auf, dir in die Augen zu schauen.

Vermeide Berührungen!

Wenn es aber sein muss:
- locker anfassen
- 5-10 sek. Bewegungen des Schülers mitmachen
- dann loslassen

Halte Abstand!

Wenn der Schüler zurückweicht, geh auch zurück! Geh nicht auf ihn zu! Stell dich seitlich, nie frontal gegenüber!

Demonstriere keine Stärke!

Mach dich nicht groß, spann keine Muskeln an!

Setz dich hin!

Du nimmst weniger Raum ein! Deine Muskeln sind weniger angespannt! Du kannst leichter ruhig bleiben!

Sprich ganz ruhig!

Nicht schreien!!! Sprich nicht über das Verhalten, sondern über etwas anderes. Oder über eine mögliche Lösung für den Konflikt.

Nachgeben!

Nicht auf etwas bestehen: heißt einen Konflikt verhindern. Überlege in Ruhe, wie du den Konflikt das nächste Mal verhindern kannst.

Tausche mit jemandem!

Dein Kollege kann vielleicht ruhiger sein, und die Situation entspannen!

„Billard-Trick"

Sprich den Schüler nicht direkt an. Sprich mit einem anderen Schüler über etwas, das die Aufregung mildern kann.

Warten!

Zeit lassen, damit der Schüler sich selbst unter Kontrolle bekommt. Zeit lassen, damit er eine Aufforderung umsetzen kann.

Ablenken!

- zum Lachen bringen!
- Biete eine Tasse Tee oder einen Keks an!
- Setz dich aufs Sofa und lies eine Geschichte vor!
- Spiel mit einem Lieblingsspielzeug!

Das ist keine Belohnung! Wenn Belohnungen so einfach funktionieren würden, hätten wir das ganze Problem nicht!

(Abdruck des Schaubilds erfolgt mit freundlicher Genehmigung von Fr. Fröhlich und Fr. Kitzinger und mit herzlichem Dank an das Team der UK-Kiste)

Ausgewählte Buchtipps zum Vor- und Selberlesen (für Kinder)

- „Helsin Apfelsin und der Spinner" *von Stefanie Höfler*
- „Mein großer Bruder Matti: Kindern ADHS erklären" *von Anja Freudiger*
- „Das Vorlesebuch für Draufgänger und Träumer" *von Martina Baumbach*
- „Lotte, träumst du schon wieder?" *von Fabian Grolimund und Stefanie Rietzler*
- „Phil, der Frosch: Ein Buch für Kinder mit ADHS, ihre Freundinnen und Freunde und alle, die sie gern haben" *von Hanna Zeyen*
- „Ich dreh gleich durch!: Tagebuch eines ADHS-Kindes und seiner genervten Leidensgenossen" *von Anna Maria Sanders*

Literaturtipps mit alltagstauglichen Verhaltenstricks (für Eltern)

- „Erfolgreich lernen mit ADHS: Der praktische Ratgeber für Eltern" *von Fabian Grolimund und Stefanie Rietzler*
- „Herausforderndes Verhalten vermeiden: Menschen mit Autismus und psychischen oder geistigen Einschränkungen positives Verhalten ermöglichen" *von Bo Hejlskov Elvén*
- „Komm, das schaffst Du!: Aufmerksamkeit, Koordination und ADHS: Ergotherapeutische Alltags- und Inklusionshilfen für Kinder" *von Britta Winter*
- „Von Anfang an anders! Früherkennung der ADHS … Was tun? Fachbeiträge zum Thema Aufmerksamkeitsdefizit/Hyperaktivitätsstörung" *mit Beiträgen von Skrodzki/ Simchen/ Neuhaus u. a.*
- „Doch unzerstörbar ist mein Wesen … Diagnose AD(H)S – Schicksal oder Chance" *von Fitzner/Stark u. a.*

- „Bedürfnisorientierte Begleitung hyperaktiver Kleinkinder"
  von Lea Ibell, erschienen u.a. in Neue AKZENTE Nr. 114/2019 (freie Lizenz), abrufbar unter: https://www.adhs-deutschland.de/pdf/2_7_familie/neue_AKZENTE_Nr.114-3_2019_Lea-Ibell_Beduerfnisorientierte-Begleitung-hyperaktiver-Kinder.pdf

Interessante Internetseiten mit vielen Infos zu ADHS, Hintergründen, Selbstorganisation und/oder Lernstrategien:

- https://www.mit-kindern-lernen.ch/
  (Lernplattform und Weiterbildungsangebote von Grolimund/Rietzler)

- https://adhshilfe.net/
  (hilfreiche Infoseite von Anna Maria Sanders)

- https://adhshilfe.net/podcast/
  (interessanter ADHS-Family-Podcast von Anna Maria Sanders)

- https://www.adxs.org/de
  (Projekt/Sammlung aktueller medizinischer und neurobiologischer Zusammenhänge zu ADHS, Medikamentenwirkung etc.)

- https://www.die-uk-kiste.de/themen/herausforderndes-verhalten/
  (anschauliche Übersichten und Darstellungen zum Umgang mit herausforderndem Verhalten)

- www.adhs-deutschland.de
  (Interessenvertretung und ADHS-Selbsthilfe u.a. mit Informationssammlung, Zeitschriftenangebot und Weiterverlinkung zu Ortsgruppen.)

- www.adhspedia.de
  (Nachschlagewerk/Sammlung von Wissen/Forschung über ADHS)

- Homepage der Autorin mit Hinweisen auf aktuelle Presseberichte und aktualisierte Links: **www.leaibell.de**